Für Alice

Astrid Lindgren

Ihre fantastische Geschichte

Text

Agnes-Margrethe Bjorvand

Illustrationen

Lisa Aisato

Übersetzung

Neele Bösche

Agnes Margrethe Bjorvand ist nicht nur eine bekannte Astrid-Lindgren-Forscherin, sondern auch Autorin, Übersetzerin und Dozentin an der Universität in Agder (Norwegen), wo sie in den Fächern Kinderliteratur und Literaturvermittlung unterrichtet.

Lisa Aisato ist Norwegens beliebteste und bekannteste Illustratorin. Bei WooW Books sind schon mehrere ihrer Bücher erschienen, unter anderem der herausragende Bildband *Alle Farben des Lebens*.

Neele Bösche studierte Skandinavistik und Germanistik in Münster und Stockholm. Sie übersetzt aus dem Schwedischen und Norwegischen.

FSC www.fsc.org MIX Papier | Fördert gute Waldnutzung FSC® C002795

Deutsche Erstausgabe
5. Auflage 2023

Text: Agnes-Margrethe Bjorvand
Cover und Illustrationen: Lisa Aisato
Die Illustrationen der Figuren basieren auf den originalen Charakteren von Ingrid Vang Nyman (Pippi), Björn Berg (Michel) und Ilon Wikland (Karlsson vom Dach, Ronja und Birk, Bosse / Mio und Jum-Jum, Madita und die Brüder Löwenherz).
Aus dem Schwedischen von Neele Bösche
Lektorat: Angelika Künne

Originaltitel: Astrid Lindgren
Druck und Bindung: Livonia Print, Riga, Lettland
ISBN 978-3-96177-007-6
www.woow-books.de

Inhaltsverzeichnis

Willkommen

Dies ist ein Buch über Astrid Lindgren – die beste Autorin der Welt. Das finde ich jedenfalls.

Du kannst das Buch auf verschiedene Weisen lesen. Zum Beispiel ganz gewöhnlich von der ersten bis zur letzten Seite. Dann erfährst du eine Menge darüber, was in Astrid Lindgrens Leben geschah, als sie ein Kind, eine Jugendliche, eine Erwachsene und eine alte Frau war. Genauso gut kannst du aber im Buch herumblättern, dir die Bilder angucken und hier und da ein bisschen lesen. Du kannst es machen, wie es dir gefällt!

Astrid Lindgren hat gesagt: »Es gibt solche, die gerne lesen, und solche, die niemals in ein Buch schauen wollen.« Hoffentlich bist du jemand, der gerne liest, denn dann wird dir niemals langweilig sein.

Liebe Grüße
Agnes-Margrethe Bjorvand

Ich will für einen Kreis von Lesern schreiben, der Wunder bewirken kann. Nur Kinder können beim Lesen Wunder bewirken.
Astrid Lindgren

Astrid Lindgren 1907–2002

Hier siehst du die Autorin Astrid Lindgren. Sie wurde richtig alt und starb erst mit vierundneunzig Jahren.

Sie hat über hundert Bücher geschrieben – und Regieanweisungen für mehr als sechzig Filme, Fernsehserien und Theaterstücke. Außerdem hat sie sich eine ganze Reihe von Liedern ausgedacht.

Astrid Lindgren hatte viele, viele, viele Geschichten in sich. Ihre Bücher und Filme handeln fast immer davon, wie es ist, ein Kind zu sein. Das ist manchmal einfach nur lustig, manchmal kann es aber auch ziemlich schwer sein.

Dieses Buch erzählt von Astrid Lindgrens Leben. Und ein bisschen auch von ihren Büchern und Filmen, weil sie das, wovon sie schreibt, tatsächlich oft selbst erlebt hat.

Beginnen wir beim Anfang – im November 1907, da kam ich auf die Welt – in einem alten roten Haus, umgeben von Apfelbäumen. Astrid Lindgren

Das Bauernmädchen von Näs

Am Donnerstag, den 14. November 1907, wurde Astrid auf einem Hof in Vimmerby in Småland geboren. Der Hof hieß *Näs*, und diesen Namen trägt er noch heute. Astrid kam in dem großen Bett zur Welt, in dem ihr Papa immer schlief – genau wie alle vier Kinder auf Näs.

Die Kinder auf Näs, das waren der große Bruder *Gunnar*, die kleine Schwester *Stina* und die noch kleinere Schwester *Ingegerd*. Und dann gab es da natürlich Astrid. Die vier spielten und spielten und spielten – fast so wie die Kinder aus Bullerbü.

Gunnar war gerade einmal ein Jahr älter als Astrid. Die beiden spielten besonders viel zusammen, und sie waren auch die Bestimmer. Die kleinen Geschwister waren ihnen meistens nur im Weg.

Aber manchmal war es richtig praktisch, kleine Geschwister zu haben. Wenn sie Arzt spielen wollten zum Beispiel. Dann war Gunnar der Arzt, und Astrid war die Krankenschwester, während die Kleinen die Patienten sein durften. Einmal hätte es richtig schlimm ausgehen können. Gunnar und Astrid holten nämlich eine große Spritze, mit der sie Stina piksen wollten, und in der Spritze war Gift zum Töten von Insekten. Zum Glück bekam Stina aber kein Gift ab.

Weißt du was?

- Astrid und ihre Geschwister hießen mit Nachnamen Ericsson. Alle Kinder hatten drei Vornamen:

  Sven ***Gunnar*** Erik
  Astrid Anna Emilia
  Stina Hanna Ingrid
  Ingegerd Britta Salome

- Niemand weiß, wie groß Astrid Lindgren war, als sie geboren wurde, aber als Erwachsene war sie 167 Zentimeter groß.

Für ein Kind war es interessant und lehrreich, mit Menschen unterschiedlicher Art und Eigenheiten und Altersgruppe aufzuwachsen. Von ihnen lernte ich [...], dass das Leben Bedingungen unterworfen ist und wie schwierig es manchmal ist, Mensch zu sein. Astrid Lindgren

Die Familie

Astrid, Gunnar, Stina und Ingegerd wohnten nicht etwa alleine, so wie Pippi Langstrumpf, sondern zusammen mit Mama *Hanna*, Papa *Samuel August*, Opa *Samuel Johan* und Oma *Ida*. Außerdem wohnten auf dem Hof Knechte, Mägde und viele andere, die dort beschäftigt waren. Es war wie auf *Katthult*, wo *Michel* und *Ida*, aber auch *Lina* und *Alfred* zu Hause sind.

Der Hof gehörte Hanna und Samuel August. Als Astrid klein war, gab es weder Traktoren noch besonders viele andere Maschinen, darum war es anstrengend, auf einem Bauernhof zu arbeiten. Gleichzeitig hatte man aber viel Spaß, weil lauter Menschen um einen herum waren, die einem bei der Arbeit halfen. Außerdem wurden auf Näs verschiedene Tiere gehalten, um die man sich kümmern musste: Kühe, Ochsen, Schweine, Pferde, Schafe, Ziegen und Hühner.

Die Mägde schliefen auf der Ausziehbank in der Küche im roten Haus. Im Sommer, wenn es warm war, übernachteten sie unter dem Dach. Eine der Mägde hieß *Signe*. Manchmal lasen Astrid und ihre Geschwister heimlich Signes Liebesbriefe, die sie in ihrer Schublade versteckt hatte. Und sie schlichen Signe hinterher, wenn sie Besuch von ihrem Verlobten bekam.

Weißt du was?

- Die Knechte schliefen im roten Außenhaus. Als Astrid ihr erstes *Michel*-Buch schrieb, überlegte sie sich, dass Michel genau dort seinen Tischlerschuppen haben sollte.
- Ein Knecht hieß *Pelle*. Er hatte keine Eltern mehr und kam mit vierzehn Jahren nach Näs. Pelle war sehr nett, und er mochte Kinder gern, genau wie Alfred in den *Michel*-Büchern.
- Einmal gab es auf Näs einen Hengst, der keine Hufeisen bekommen wollte. Zum Glück war Pelle da! Er verstand nämlich, dass das Pferd kitzelig an den Beinen war, und fasste deshalb nur die Hufe an. Und plötzlich stand der Hengst beim Beschlagen ganz still. So hat es auch Michel gemacht, als er auf dem Markt in Vimmerby war und das Pferd Lukas gefunden hat.
- Opa Samuel Johan sagte oft »Ach jajaja-ja!«, so wie der Großvater in Bullerbü.
- Oma Ida konnte gut Spukgeschichten erzählen. Viele Jahre später schrieb Astrid ein Buch über eine ihrer Geschichten. Das Buch heißt *Rupp Rüpel – Das grausigste Gespenst aus Småland.*

Die Natur

Für Astrid war die Natur das Allerbeste am Leben auf Näs. Rund um den Hof lagen Weiden, auf denen die Tiere grasen und die Kinder herumspringen konnten. Es gab Blumen und Obstbäume, und man hörte wunderschönes Vogelgezwitscher.

In der Nähe des Hofes schlängelte sich ein Fluss entlang, in dem die Kinder gerne badeten. »Ihr dürft nicht weiter als bis zum Bauchnabel reingehen«, sagte Mama Hanna immer. Aber diese Mahnung vergaßen die Kinder sofort wieder, denn wie sollten sie sich sonst das Schwimmen beibringen?

Auf Näs stand der beste Kletterbaum der Welt. Es war ein großer Baum mit einem dicken, hohlen Stamm. Die Kinder konnten durch ein Loch hineinklettern und sich im Stamm verstecken.

Im Kletterbaum hatten sich Eulen ein Nest gebaut, deshalb nannten die Kinder ihn den *Eulenbaum*. Zweimal machte Gunnar etwas ganz Freches: Er tauschte die Eier der Eulen einfach gegen gewöhnliche Hühnereier aus. Die Eulen brüteten die Eier geduldig aus – und eines Tages wurden sie Eltern von kleinen gelben Küken.

Weißt du was?

- Astrid liebte es, auf Bäume zu klettern. Sie kletterte ihr ganzes Leben lang in Bäumen herum, sogar noch als sie schon alt war! Sie sagte: »Es steht nicht in Moses' Gesetzen, dass alte Frauen nicht auf Bäume klettern dürfen!«
- Pippi hat einen Limonadenbaum, der dem Eulenbaum sehr ähnlich ist.

Fragt mich aber jemand nach meinen Kindheits-erinnerungen, dann gilt mein erster Gedanke trotz allem nicht den Menschen, sondern der Natur …

Astrid Lindgren

Wir spielten immerzu, morgens, mittags und abends, genau wie die Kinder in den Bullerbü-Büchern. Alles, was darin steht, ist wahr.

Astrid Lindgren

Weißt du was?

- Heute nennen Astrids Verwandte das rote Haus auf Näs *Bullerbü*.
- Bullerbü gibt es wirklich. Der Hof heißt eigentlich *Sevedstorp*, und er liegt ganz in der Nähe von Näs. Es ist ein Hof mit drei roten Häusern. Im mittleren Haus wohnte Astrids Papa, bis er zwanzig Jahre alt war. Dann zog er zusammen mit seinen Eltern und seinen Brüdern nach Näs.

Spielen und spielen und spielen – und noch mehr spielen

Die Kinder auf Näs spielten und sprangen und kletterten, so viel sie nur konnten. Astrid balancierte sogar auf dem Dach des roten Hauses, und das war ziemlich hoch! Ihre kleine Schwester Stina stand unten und rief: »Du bist bestimmt verdreht, Astrid!« So wie Lisabet es tut, wenn Madita gefährliche Sachen macht.

Viele Leute, die auf dem Hof arbeiteten, hatten Kinder, deshalb gab es für Astrid und ihre Geschwister jede Menge Spielkameraden. Eines der Mädchen hieß *Edit*. Sie war ein bisschen älter als Astrid, und sie konnte etwas ganz und gar Magisches: lesen! Sie war die Erste, die Astrid Märchen vorlas.

Astrid und Gunnar konnten nie genug Märchen hören. Wenn Edit ihnen vorlas, war es, als wenn rund um sie herum lauter Feen und Trolle auftauchten.

Draußen auf dem Hof spielten sie die Geschichten nach, die sie gehört hatten. Außerdem spielten sie Zirkus und Indianer. Oder sie waren Sachensucher, genau wie Pippi Langstrumpf. Fußball spielten Astrid und ihr Bruder auch gerne.

Auf Näs gab es einen großen Haufen Sägespäne. Dort bauten sich die Kinder Geheimgänge und Höhlen, in denen sie sich verstecken konnten. Das war ziemlich gefährlich, aber die Eltern wussten nichts davon, sodass sie ungestört spielen konnten.

Geborgenheit und Freiheit

Natürlich sollten Kinder Respekt vor ihren Eltern haben, aber Eltern sollten auch Respekt vor ihren Kindern haben, fand Astrid Lindgren – und so war es auf Näs.

Samuel August hatte seine Kinder sehr gern. Und er hatte Hanna sehr, sehr gerne. Früher war es unüblich, dass man seine Frau vor anderen küsste und umarmte, doch genau das tat Samuel August. Jeden Tag!

Mama Hanna war ziemlich streng, aber sie schimpfte ihre Kinder niemals wegen etwas Unwichtigem aus. Zum Beispiel war es gar nicht schlimm, wenn die Kinder vergaßen, pünktlich zum Essen nach Hause zu kommen. Dann durften sie sich einfach etwas aus der Speisekammer nehmen. Und Mama Hanna war nicht böse, wenn ihre Kleider schmutzig wurden oder kaputtgingen.

Hanna ließ die Kinder auch drinnen im Haus toben. Manchmal spielten sie »Nicht den Fußboden berühren«, so wie Pippi Langstrumpf, und kletterten auf den Möbeln im großen Schlafzimmer herum. Oder sie spielten »Kickse-kickse-hu«. Dabei liefen sie durchs Haus, und wenn sie in der Küche aufeinandertrafen, pikten sie sich gegenseitig einen Finger in den Bauch und riefen »Kickse-kickse-hu!«. Bestimmt kennst du das Spiel von Michel und Ida aus Katthult.

Weißt du was?

- In der guten Stube durften die Kinder nicht spielen. In diesem Zimmer waren sie nur zu Weihnachten oder Ostern oder wenn Besuch kam.
- Ein Spiel der Kinder hieß »das Engelspiel«. Gunnar und Astrid waren die Engel, während Ingegerd und Stina die kleinen Kinder sein sollten, die von den Engeln beschützt wurden.

Es war schön, dort Kind zu sein, und schön, Kind von Samuel August und Hanna zu sein. [...] Zweierlei hatten wir, das unsere Kindheit zu dem gemacht hat, was sie gewesen ist – Geborgenheit und Freiheit. Astrid Lindgren

Das Leben auf Näs

Die ganze Familie schlief im selben Zimmer. Dem Papa gehörte das größte Bett, und Astrid und Gunnar durften abwechselnd neben ihm liegen. Das fand Astrid am gemütlichsten. Wenn sie nicht in Papas Bett lag, musste sie in einem Kinderbett vor dem Eckschrank schlafen – und das war ganz scheußlich! Astrid glaubte, dass der Teufel hinter dem Schrank wohnte, denn das hatte Gunnar gesagt.

Mama schlief zusammen mit den kleinsten Kindern auf einem blauen Sofa, das man ausziehen konnte.

Im Schlafzimmer stand ein Wäschekorb. Onkel *Lennart* nahm Astrid auf den Arm und erzählte ihr, sie wäre in diesem Korb nach Näs gekommen. Dabei stimmte das gar nicht! Schließlich wurde Astrid doch in Papas großem Bett geboren.

In der Familie Ericsson wurde gerne gesungen, und oft sangen sie sogar mehrstimmig. Stina fand, dass sie und der Papa nicht so schöne Stimmen hatten wie die anderen. Darum sangen die beiden meistens nur, wenn sie allein waren und niemand sie hören konnte.

Weißt du was?

- Samuel August zog sich nicht selbst an, sondern Hanna half ihm dabei.
- Alle, die auf Näs wohnten, bekamen Eier, Milch und Fleisch von den Tieren auf dem Hof.
- Astrid, Gunnar, Stina und Ingegerd hatten alle ihr eigenes Kopfkissen, das mit Hühnerfedern gefüllt war. Die Matratzen stopfte man damals mit *Rosshaar* – so nennt man die Haare von den Mähnen und Schweifen der Pferde.

Wir fühlten uns geborgen bei diesen Eltern, die einander so zugetan waren und stets Zeit für uns hatten, wenn wir sie brauchten.

Astrid Lindgren

Weißt du was?

- Die Familie Ericsson war nicht reich. Aber Astrids Eltern fanden, man sollte das, was man hatte, mit den Landstreichern und anderen armen Menschen teilen.
- Im Stall auf Näs wohnten die Pferde, die Kühe und die Schafe. Dort war auch der große Heuboden, auf dem die Landstreicher übernachten durften. Astrid und die anderen Kinder sprangen gerne vom obersten Dachbalken mehrere Meter ins Heu hinab. Später wurde ein neuer Stall gebaut, der richtig lang war – über hundert Meter!

Landstreicherei – das große Abenteuer

Fast jeden Abend kamen Landstreicher nach Näs. Sie hatten kein eigenes Zuhause und zogen von Hof zu Hof. Oft erzählten sie spannende Geschichten, darum nannte Astrid die Landstreicherei »das große Abenteuer«. Und darum wusste sie auch so viel über Landstreicher, als sie viele Jahre später das Buch *Rasmus und der Landstreicher* schrieb.

Die Landstreicher fragten, ob sie im Stall übernachten durften. Und das durften sie. Aber vorher mussten sie Samuel August ihre Streichhölzer geben, damit es im Stall nicht anfangen konnte zu brennen. Außerdem baten die Landstreicher um ein bisschen Essen. Und das bekamen sie von Hanna.

Einmal geschah etwas ganz Schreckliches. Samuel August jagte einen Landstreicher davon, weil er nicht um Erlaubnis gefragt hatte, ob er im Schuppen schlafen durfte. Und nur wenige Tage später stand etwas über genau diesen Landstreicher in der Zeitung: Er war ein Mörder, der aus dem Gefängnis ausgebrochen war.

Ich wurde gerade noch zu einer Zeit geboren, die ich das Pferdezeitalter nennen möchte […], als es noch Landstreicher gab und noch Pferdewagen statt Automobile auf den Straßen fuhren. […] Ich glaube, es war schön, in jener Zeit ein Kind zu sein. Jedenfalls war meine Kindheit eine glückliche. Astrid Lindgren

> *Das Weihnachten meiner Kindheit war das rötes-te, fröhlichste, das am meisten funkelnde und nach Pfefferkuchen duftende Weihnachten, das man sich nur wünschen kann.*
>
> Astrid Lindgren

Familienfeiern und Weihnachten

Astrid fand Familienfeiern großartig, besonders die großen Kirschfeste bei Oma. Da durften Astrid und alle anderen Kinder so viele Kirschen essen, wie sie nur konnten.

Und dann erst Weihnachten! Astrid liebte Weihnachten. Heiligabend auf Näs war fast genau so wie in dem Buch *Weihnachten in Bullerbü*.

Besonders gut erinnerte sich Astrid an das Weihnachtsfest, als sie sechs Jahre alt war. Am Tag vor Heiligabend gingen Astrid und Gunnar zusammen mit ihrem Papa hinaus in den Wald, um einen Tannenbaum zu schlagen. Es war kalt, und es war so anstrengend, durch den Schnee zu stapfen, darum weinte Astrid den ganzen Weg über. Aber am Ende fanden sie eine schöne Tanne. Und in aller Frühe am Heiligabend durften Astrid und Gunnar den Baum zusammen mit ihrem Papa schmücken.

Etwas später am Tag schlichen Astrid und Gunnar in die gute Stube und befühlten alle Päckchen.
»Glaubst du, dass du ein Seligkeitsding bekommst?«, fragte Gunnar.
Das glaubte Astrid nicht, denn ein Seligkeitsding war etwas wunderbar Schönes, das einen überglücklich machte.

Doch als es endlich Abend war und sie ihre Weihnachtsgeschenke öffneten, bekam Astrid von ihrer Oma ein Seligkeitsding! Es war ein Paar hellbraune Stiefel – die feinsten und schönsten Stiefel, die sie jemals gesehen hatte.

Weißt du was?

- Am zweiten Weihnachtstag fuhren Astrid und ihre Familie immer zum Festschmaus zu Oma. Sie nahmen den Schlitten, der von den Pferden *Maj* und *Maud* gezogen wurde.
- Astrids Oma hieß *Lovisa* und wurde von allen »Lovisa mit den sanften Händen« genannt, weil sie eine richtig geschickte *Erdmutter* war. »Erdmutter« ist ein altes Wort für Hebamme.
- Astrids Opa hieß *Jonas Petter*. Er starb, als Astrid erst drei Jahre alt war.

Wenn man gerade lesen gelernt hatte, war ein neues Buch etwas beinahe schmerzhaft Wunderbares, und als Erstes habe ich immer daran gerochen.

Astrid Lindgren

Astrid kommt in die Schule und trifft Madita

Als Astrid fast sieben Jahre alt war, kam sie endlich in die Schule. Obwohl ihre Mama sie am ersten Tag begleitete, fand Astrid es ganz furchtbar. Als ihr Name aufgerufen wurde, fing sie an zu weinen. Zum Glück war das Furchtbare aber schnell vorbei. Und nun konnte sie lesen lernen!

Astrids Lehrerin war ziemlich streng, doch vor Weihnachten teilte sie Prospekte mit Bildern aus Weihnachtszeitungen und Weihnachtsbüchern aus. Wer genug Geld hatte, durfte sich ein Buch bestellen. Astrid entschied sich für *Schneewittchen*. Das Buch roch so gut, und es waren lauter spannende Märchen darin. Astrid durfte das Buch allerdings erst am Weihnachtstag lesen, nachdem sie aus der Kirche nach Hause gekommen waren. Das hatte Mama Hanna bestimmt.

Auf dem Schulweg lief Astrid immer an einem großen weißen Steinhaus vorbei. Eines Tages lernte sie ein Mädchen kennen, das in dem Haus wohnte und *Anne-Marie* hieß. Astrid und Anne-Marie wurden beste Freundinnen. Sie spielten und spielten! Und weißt du, wie Anne-Marie genannt wurde? Genau, sie wurde *Madita* genannt. Viele Jahre später schrieb Astrid mehrere Bücher über ein Mädchen namens Madita.

Weißt du was?

- Astrid und Madita waren ihr ganzes Leben lang beste Freundinnen. Madita fürchtete sich vor gar nichts, und sie war ungeheuer stark. Sie brachte Astrid auch bei, wie man sich prügelt.
- Alle Kinder auf Näs hatten Spitznamen:

Gunnar wurde ***Gee*** genannt, wegen der Anfangsbuchstaben seiner drei Namen (Gunnar Erik Ericsson).

Astrid hieß ***Bele***, nach *König Bele*, einem der Arbeitstiere auf dem Hof.

Stinas Spitzname war ***Slima***. Die Geschwister sagten, so hätte sie ihren Namen geschrieben, als sie schreiben lernte.

Ingegerd nannte man ***Mamas kleine Nickon***. Das kam wohl daher, dass sie viel über Mamas Schlüssel geredet hatte, als sie noch klein war und das Wort »Schlüssel« nicht richtig aussprechen konnte. Denn Schlüssel heißt auf Schwedisch *nyckel*.

Diese Freiheit zu haben hieß aber keineswegs, ständig freizuhaben. Dass wir zur Arbeit angehalten wurden, war die natürlichste Sache von der Welt. Astrid Lindgren

Es gibt Dinge, die muss man einfach tun

Astrid und ihre Geschwister durften viel spielen, aber sie mussten auch auf dem Hof mithelfen. Zum Beispiel verzogen sie Rüben auf dem Acker und pflückten Brennnesseln für die Hühner.

Alle Kinder lernten schon früh, dass man zu Ende bringen muss, was man angefangen hat. Und wenn sie während des Geschirrspülens einmal herumstanden und vor sich hin träumten, mahnte Mama Hanna: »Reiß dich zusammen und mach weiter.«

Astrid spielte ÜBERHAUPT NICHT gerne Orgel. Trotzdem wollte ihre Mama sie unbedingt dazu bringen, darum hieß es für Astrid üben und üben und üben. Sie nahm Unterricht bei einem Lehrer namens *Ebbe Ängquist*.

Manchmal wollte Astrid ABSOLUT nicht zum Unterricht gehen, aber sie kam nur darum herum, wenn sie krank war. Astrid wusste, dass sie Mama nicht anlügen durfte, also dachte sie sich etwas Pfiffiges aus: Sie machte ganz lange einen Kopfstand – bis ihr Kopf *wirklich* richtig wehtat. Dann sagte sie zu Mama, sie hätte Kopfschmerzen und könne nicht Orgel spielen. Und das war ja die reinste Wahrheit!

Weißt du was?

- Die Orgel, die Astrid nie spielen wollte, steht noch immer in der guten Stube im roten Haus auf Näs.
- Als Astrid alt war, wurde sie von jemandem gefragt, ob sie irgendetwas in ihrem Leben bereue. Astrid antwortete, es gebe zwei Dinge, die sie gerne gelernt hätte:

  Orgel spielen
  Slalom fahren

Die Kindheit geht zu Ende

Eines Tages bemerkte Astrid plötzlich, dass sie nicht mehr spielen konnte – das war in dem Sommer, als sie zwölfeinhalb Jahre alt war. Astrid wurde furchtbar traurig. Es fühlte sich an, als wäre sie kein Kind mehr. Aber erwachsen war sie ja auch noch nicht. Was sollte sie also tun?

Astrid las viele, viele Bücher. Vielleicht konnte sie später deshalb so gut schreiben?

Schon als Jugendliche war Astrid sehr begabt im Schreiben. Einer ihrer Schulaufsätze wurde sogar in der Zeitung *Vimmerby Tidning* gedruckt. Der Aufsatz hieß *Auf unserem Hof.*

Auf unserem Hof handelt unter anderem von den Mädchen Inga und Maja, die mit einer toten Ratte Beerdigung spielen. Die Geschichte endet damit, dass sich lauter Kinder auf dem Hof versammeln. Das klingt erst einmal lustig – aber die Kinder streiten sich, und dann ist das Spiel vorbei.

Weißt du was?

- Als Astrid zwölfeinhalb Jahre alt war, zog die Familie Ericsson in ein viel größeres Haus, das sie direkt neben dem roten Haus gebaut hatten. Es war gelb und hatte eine große Veranda.
- Genau dieses gelbe Haus hatte Astrid vor Augen, als sie viele Jahre später über Pippis *Villa Kunterbunt* schrieb.
- Nachdem die Familie Ericsson in das neue Haus gezogen war, wurde das rote Haus für die Arbeiter auf Näs zu drei Wohnungen umgebaut.

»Liebe kleine Krummelus, niemals will ich werden gruß.«
»›Groß‹ meinst du wohl«, sagte Tommy.
»Wenn ich ›gruß‹ gesagt hab, dann mein ich ›gruß‹«, sagte Pippi.

Pippi in Taka-Tuka-Land, Astrid Lindgren

Es ist traurig, jung zu sein

Als Kind war Astrid glücklich gewesen. Doch als Jugendliche fand sie das Leben traurig, obwohl sie viele Freunde hatte.

»Ich war unsicher«, hat Astrid einmal gesagt. Sie fand sich hässlich und war überzeugt, dass sich niemals jemand in sie verlieben würde. Und das bedrückte sie sehr.

Aber Astrid und ihre Freunde unternahmen viele lustige Sachen. Sie gingen ins Kino, ins Theater und zum Tanzen.

Astrid liebte es, zu tanzen. Im Winter tanzten sie im *Stadthotel*, einem rosa Hotel, das direkt am Marktplatz von Vimmerby liegt. In dem Buch *Madita und Pims* tanzt Alva dort mit dem Schornsteinfeger, als sie mit Maditas Familie auf dem Ball ist.

Weißt du was?

- Astrid fand es unglaublich spannend, amerikanische Filme im Kino zu schauen. Einmal sah sie einen Film mit einem Mädchen, das sich Scheuerbürsten unter die Füße geschnallt hatte, um den Boden zu wischen. Ein anderes Mal lief ein Film über ein ganz wildes Mädchen, dessen Pferd im Haus wohnte. Erinnern dich diese Mädchen auch ein bisschen an Pippi?

Ich tröstete mich damit, dass ich las – alles, was ich bekommen konnte –, und das habe ich in meinem ganzen Leben beibehalten. Ich wusste überhaupt nicht, was ich werden wollte, und das war auch so traurig. Astrid Lindgren

Wie war ich mit fünfzehn Jahren? Ich merkte, dass ich erwachsen wurde, und das wollte ich nicht sein. Astrid Lindgren

Astrid wird ein bisschen frech

Astrid ging neun Jahre lang zur Schule, bis sie fünfzehn war.

Sie war eine sehr gute Schülerin, vor allem in Deutsch und Englisch und ganz besonders in Schwedisch. In ihrer Abschlussprüfung bekam sie die allerbeste Note: *Lobenswert*.

Allerdings war Astrid nicht immer nur nett und fleißig. Zusammen mit einigen anderen Mädchen aus ihrer Klasse brachte sie die Mitschüler zum Lachen, indem sie die Lehrer veralberte. Darum fanden die Lehrer Astrid ein bisschen frech.

Astrid und ihre Freundinnen veralberten auch die Leute in der Stadt. Manchmal legten sie ein Päckchen auf den Bürgersteig. Die Mädchen hatten eine Schnur an das Päckchen geknotet. Und wenn sich ein Erwachsener bückte, um das Päckchen hochzuheben, zogen sie es schnell weg. Irgendjemand beschwerte sich darüber beim Schuldirektor, woraufhin Astrid eine schlechtere Betragen-Note bekam.

Aber irgendwas musste sich Astrid ja ausdenken, als sie eine Jugendliche war und nicht länger spielen konnte!

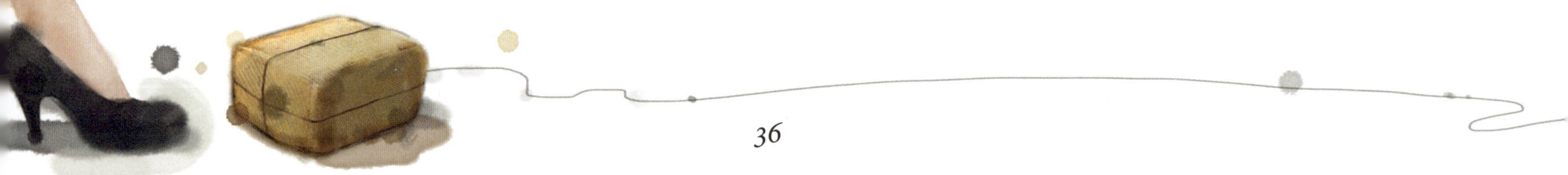

Weißt du was?

- Als Astrid in die Schule ging, war sie auf zwei Dinge stolz: Erstens, dass sie so gelenkig war und beim Hochsprung 135 Zentimeter schaffte. Und zweitens, dass alle ihre Aufsätze toll fanden. Doch Schriftstellerin wollte Astrid auf keinen Fall werden.
- Astrids Freunde wohnten nicht auf Bauernhöfen, auf denen sie mithelfen mussten. Nur Astrid war auf einem Hof zu Hause und musste mit anpacken. Sogar an ihrem Konfirmationstag arbeitete sie. Den ganzen Vormittag über half sie bei der Ernte, und am Nachmittag fand die Konfirmation statt.
- Astrid wurde im selben Jahr konfirmiert, in dem sie die Schule beendete.

Denn wenn wir uns erst einmal daran gewöhnt haben, Freude und Trost in Büchern zu finden, dann können wir sie nicht mehr entbehren.

Astrid Lindgren

Die erste Arbeit

Der Chef der *Vimmerby Tidning* hieß Reinhold Blomberg. Er hatte einige von Astrids Schulaufsätzen gelesen. Und obwohl es damals ungewöhnlich war, dass Mädchen bei einer Zeitung arbeiteten, wollte Reinhold sie gerne als Praktikantin einstellen. So bekam Astrid mit sechzehn Jahren ihren ersten Job.

Anfangs schrieb sie meistens kurze Texte, zum Beispiel Theater-Rezensionen. Sie musste auch Besorgungen erledigen, Anrufe entgegennehmen, Korrektur lesen und Anzeigen aufsetzen. Astrid war fleißig und gut, darum dauerte es nicht lange, bis sie größere Artikel für die Zeitung schreiben durfte.

Astrid schrieb sehr gerne. Alle in Vimmerby neckten sie und meinten, sie würde bestimmt eines Tages Schriftstellerin werden. Doch Astrid war nach wie vor überzeugt, dass sie das wahrhaftig NICHT werden würde. Sie fand es aber schön, eine Anstellung zu haben, und konnte sich gut vorstellen, auch weiterhin als Journalistin zu arbeiten.

Weißt du was?

- Bei der Zeitung bekam Astrid jeden Monat sechzig Kronen als Gehalt.
- Das Haus, in dem sich die *Vimmerby Tidning* befand, gibt es noch heute. Es ist hellgelb und liegt in der *Storgatan 30*, gar nicht weit entfernt vom Marktplatz in Vimmerby.

Astrid schneidet sich die Haare

Astrid war ein bisschen wild – und richtig mutig! Damals hatten nur Jungs kurze Haare, Mädchen sollten lange Haare haben und Kleider anziehen. Aber das war Astrid egal! Sie trug gerne Hosen, einen Schlips und einen Hut. Astrid war das erste Mädchen in Vimmerby, das sich die Haare kurz schnitt. Da war sie siebzehn Jahre alt.

Ihre Eltern hatte Astrid vorher gar nicht um Erlaubnis gefragt. Nachdem sie sich die Haare abgeschnitten hatte, rief sie zu Hause an. Samuel August nahm ab.
»Hej, Papa. Ich habe mir die Haare abgeschnitten«, sagte Astrid.
»Oh nein, oh nein. Dann ist es wohl keine gute Idee, wenn du direkt nach Hause kommst«, sagte der liebe Papa mit sorgenvoller Stimme.

Doch Astrid fuhr trotzdem nach Hause und setzte sich in die Küche. Niemand aus der Familie sagte ein Wort. Alle gingen einfach nur um sie herum und starrten ihre kurzen Haare an.

Weißt du was?

- Astrids Kurzhaarfrisur hieß *Shingle*. Dieser Schnitt war in den 1920er-Jahren in den USA sehr modern. Die Mädchen wollten ein bisschen wie Jungs aussehen.
- Als die Familie einmal bei der Oma zu Besuch war, schnitt Astrid auch ihrer Cousine die Haare ab. Alle dachten, dass die Oma jetzt sicher böse werden würde, denn sie war sehr streng. Doch die Oma meinte nur: »Ihr könnt sagen, was ihr wollt – ich finde, das Mädchen hat eine schöne Frisur!«

Aber als ich ungefähr siebzehn Jahre alt war, zeigte es sich, dass es nicht ganz so unmöglich war, wie ich geglaubt hatte, und da war ich völlig ausgelassen und hatte, soweit ich mich erinnern kann, nur noch ein einziges Interesse, nämlich zu versuchen, dass sich möglichst viele in mich verlieben sollten. Astrid Lindgren

»Hier steht ›Dieser Tag, ein Leben‹ – und das bedeutet, man soll gerade an diesem Tag so leben, als hätte man nur diesen einen. Man soll auf jeden einzigen Augenblick achtgeben und spüren, dass man wirklich lebt.«

Ferien auf Saltkrokan, Astrid Lindgren

Als Vagabund unterwegs

Als Astrid siebzehn Jahre alt war, sollte sie Reisebriefe für die *Vimmerby Tidning* schreiben. Und dafür musste sie natürlich reisen.

Eines Morgens um neun Uhr traf sich Astrid mit fünf Freundinnen auf dem Marktplatz in Vimmerby. Die Mädchen brachen gemeinsam auf. Außer *Madita* kamen noch *Elvira*, *Greta*, *Sonja* und *Märta* mit. Sie waren zehn Tage lang unterwegs – zu Fuß, genau wie die Landstreicher. Aber manchmal fuhren sie auch mit dem Zug, dem Auto oder auf dem Schiff.

Astrid schrieb über alles, was sie auf der Reise erlebten, und über alle Menschen, die sie trafen. Unter anderem besichtigten sie ein altes Schloss und die Ruinen eines Klosters. In einer kleinen Stadt namens Gränna kauften sie Zuckerstangen. Da schrieb Astrid: »Das Allerallerherrlichste auf der Welt ist es, Gränna-Zuckerstangen zu essen.«

Eines Tages kamen sie zu einem großen Haus, das *Strand* hieß. Dort wohnte *Ellen Key*, die eine sehr berühmte Autorin war.
»Was wollt ihr?«, fragte Ellen Key streng.
»Das Haus anschauen«, antworteten die Mädchen schüchtern.
Plötzlich rannte ein großer Hund auf sie zu und biss Greta ins Bein. Greta bekam von der Hausangestellten ein Pflaster, und alle Mädchen durften das feine Haus betreten. Auf einer der Wände in der großen Diele stand: »Dieser Tag, ein Leben«. An diese Worte erinnerte sich Astrid ihr ganzes Leben lang.

Weißt du was?

- Astrid nannte ihre Reisebriefe *Als Vagabund unterwegs*.
- Der Hund, der Greta biss, hieß *Gull* und war ein großer Bernhardiner, genau wie *Bootsmann* in *Ferien auf Saltkrokan*.
- Die Hausangestellte, von der Greta ein Pflaster bekam, hieß *Malin*, so wie Pelles große Schwester auf Saltkrokan.
- Früher bezeichnete man Süßigkeiten als *Schweinchen*, und es war sehr beliebt, Polka zu tanzen. Darum werden die Zuckerstangen, die Astrid kaufte, *Polka-Schweinchen* genannt.

Niemand war zuvor so ernsthaft in mich verliebt gewesen – doch er war es. Natürlich fand ich das ziemlich interessant. Astrid Lindgren

Astrid wird schwanger

In dem Herbst, als Astrid achtzehn Jahre alt wurde, passierte etwas Aufregendes. Astrid traf sich mit einem Mann. Es musste ein Geheimnis bleiben, denn der Mann war Reinhold Blomberg, der Chef der Zeitung, bei der sie arbeitete. Er war fast fünfzig Jahre alt – und noch dazu verheiratet und Vater von mehreren Kindern.

Reinhold war sehr in Astrid verliebt. Er wollte sich von seiner Frau scheiden lassen und Astrid heiraten. Aber Astrid fand, dass Reinhold ein bisschen zu sehr über sie bestimmen wollte.

Astrid und Reinhold trafen sich weiterhin heimlich. Nach einem halben Jahr wurde Astrid schwanger. Damals war es ein Skandal, schwanger zu werden, wenn man nicht verheiratet war. Deshalb mussten Astrid und Reinhold die Schwangerschaft für sich behalten. Sie verlobten sich, erzählten aber niemandem davon.

Im Sommer sah man allerdings immer deutlicher, dass Astrid ein Kind erwartete. Damit in Vimmerby nicht alle über sie tratschten, beschloss sie, nach Stockholm zu ziehen, wo niemand sie kannte. Astrid wollte ihr Kind auf die Welt bringen, ohne dass jemand davon erfuhr.

Weißt du was?

- Mama Hanna und Papa Samuel August wussten natürlich, dass Astrid schwanger war. Dass die Leute in Vimmerby über Astrid tratschten, machte sie sehr traurig. Trotzdem waren sie der Meinung, dass ihre Tochter Reinhold nicht heiraten sollte. Lieber sollte Astrid fortziehen und in Stockholm eine Ausbildung anfangen.
- Als Astrid bei der *Vimmerby Tidning* aufhörte, hatte sie dort zweieinhalb Jahre lang gearbeitet. Ihr Chef stellte ihr ein sehr gutes Zeugnis aus. Unter anderem schrieb Reinhold, sie habe ihre Arbeit immer fröhlich verrichtet und könne unglaublich gut schreiben.

Ich fühle mich einsam und arm. Vielleicht einsam, weil ich es bin, und arm, weil mein ganzes Hab und Gut aus einer dänischen Ein-Øre-Münze besteht. »Vielleicht« nehme ich zurück. Mir graut vor dem kommenden Winter. Astrid Lindgren

Einsam und arm – aber gut im Klettern

Astrid kannte niemanden in Stockholm, und sie hatte kaum Geld für Essen. Doch sie wollte unbedingt allein zurechtzukommen.

Daher fing Astrid eine Ausbildung zur Sekretärin an. Anschließend wollte sie sich eine Arbeit suchen, um sich selbst und ihr Kind, das sie im Bauch hatte, versorgen zu können. Im *Bar-Lock-Institut* lernte Astrid, Schreibmaschine zu schreiben, mehrere Sprachen zu sprechen und zu *stenografieren*. Stenografieren bedeutet, dass man sehr schnell und in vielen seltsamen Schnörkeln schreibt.

In Stockholm wohnte Astrid anfangs in einem großen Steinhaus, das in der *Artillerigatan 8* lag. Einmal schloss Astrid sich versehentlich aus. Das Essen stand auf dem Herd und köchelte vor sich hin, deshalb musste sie so schnell wie möglich in die Wohnung gelangen, bevor es anbrannte. Zum Glück konnte Astrid so gut klettern! Erst kletterte sie durch ein Treppenhausfenster nach draußen, dann balancierte sie auf einer schmalen Kante an der Fassade des Hauses entlang. Ihre Wohnung lag im fünften Stock – das war mehr als doppelt so hoch wie das Dach des roten Hauses auf Näs, auf dem sie damals balanciert war. Am Ende erreichte Astrid ihr Küchenfenster, konnte hindurchklettern und das Essen retten.

Weißt du was?

- Als Astrid Autorin wurde und Bücher schrieb, stenografierte sie immer. Das mochte sie sehr gern, denn auf diese Weise konnte sie genauso schnell schreiben, wie sie dachte. Hier unten steht: »Pippi Langstrumpf war ja das stärkste Mädchen der Welt.«

Astrid wird Mama

Astrid und Reinhold versuchten, einen Ort zu finden, wo Astrid ihr gemeinsames Kind zur Welt bringen konnte, ohne dass jemand etwas davon erfuhr. Astrid entschied sich, nach Kopenhagen in Dänemark zu fahren. Denn dort musste man bei der Geburt nicht sagen, wer der Vater war.

In Kopenhagen durfte Astrid bei einer sehr netten Frau namens *Marie Stevens* wohnen. Am Samstag, den 4. Dezember, wurde *Lasse* geboren. Er hieß eigentlich Lars, aber Astrid nannte ihn Lasse. Sie fand es fantastisch, Mama zu sein!

Bis Heiligabend war Astrid mit ihrem kleinen Jungen zusammen, doch dann reiste sie nach Näs. Sie befürchtete, es könnte viel Getratsche in Vimmerby geben, wenn sie Weihnachten nicht nach Hause käme.

Lasse durfte bei Marie in Kopenhagen bleiben. Sie sollte seine Pflegemutter sein und sich um ihn kümmern, bis Astrid es selbst konnte. Für uns klingt das heute sehr merkwürdig. Aber Lasse konnte ja auch nicht bei seinem Papa wohnen, denn der war noch immer mit einer anderen Frau verheiratet. Niemand durfte wissen, dass er ein Kind mit Astrid hatte.

Astrid vermisste Lasse so sehr! Zum Glück hatte Lasse es bei Marie wenigstens gut. Er bekam zwei »Brüder«, die *Esse* und *Carl* hießen. Esse war ein Pflegekind, genau wie Lasse. Carl war Maries Sohn. Er war sechzehn Jahre alt und sehr nett und hilfsbereit, darum wurde er beinahe eine Art Papa für Lasse.

Astrid arbeitete, sparte Geld und besuchte Lasse so oft wie möglich. Manchmal wurde sie von Reinhold begleitet. Er hoffte noch immer, dass Astrid ihn heiraten würde, doch sie entschied sich dagegen.

Mein Sohn liegt in meinem Arm. Er hat so winzig kleine Hände. Die eine hat er um meinen Zeigefinger geschlossen, und ich wage nicht, mich zu rühren. Denn er könnte vielleicht loslassen, und das wäre unerträglich.

Kati in Paris, Astrid Lindgren

Weißt du was?

- Lasse sagte »Mutter« zu Marie und »Mama« zu Astrid.
- Es dauerte sehr lange, von Stockholm nach Kopenhagen zu reisen. Astrid brauchte für jede Strecke vierzehn Stunden.

Sehnsucht nach Lasse

Nachdem Astrid ihre Ausbildung beendet hatte, fand sie eine Anstellung als Sekretärin. Sie verdiente hundertfünfzig Kronen im Monat. Das war nicht viel – aber es musste für viele Dinge reichen: für Miete, Essen, Kleidung und die Reisen zu Lasse nach Kopenhagen. Astrid hatte meistens nicht genug Geld, um sich ordentlich satt zu essen. Zum Glück schickte ihr Mama Hanna manchmal Körbe mit Verpflegung.

Eines Tages machte Astrid sich auf den Weg in die Stadtbibliothek. Sie wollte sich ein paar Bücher ausleihen, um zu vergessen, wie hungrig und unglücklich sie war. Und sie malte sich aus, wie schön es werden würde, die Bücher zu lesen. Aber dann kam sie zum Ausleihtresen.
»Kann ich Ihren Bibliotheksausweis sehen?«, fragte der Bibliothekar.
»Meinen *Bibliotheksausweis*? Ich habe gar keinen«, antwortete Astrid.
»Dann dürfen Sie auch keine Bücher ausleihen«, sagte der strenge Mann.
Da wurde Astrid so traurig, dass sie anfing zu weinen. Eine ganze Woche würde es dauern, einen Ausweis zu bekommen! Nun musste sie ohne ein einziges Buch nach Hause gehen.
Aber eine Woche später erhielt sie ihren Bibliotheksausweis, und dann lieh sie sich gleich einen ganzen Stapel Bücher aus, mit denen sie sich tröstete. Genau wie damals, als sie eine Jugendliche gewesen war.

Weißt du was?

- Obwohl Astrid immer die günstigsten Zugfahrkarten kaufte, wenn sie Lasse besuchte, kostete die Reise fünfzig Kronen. Das war ein Drittel ihres Monatsgehalts.
- Eines der Bücher, die Astrid in der Bibliothek auslieh, war *Hunger* von dem norwegischen Autor Knut Hamsun. Astrid setzte sich auf eine Parkbank, las das Buch und lachte in sich hinein. Wahrscheinlich erkannte sie sich ein bisschen wieder, weil das Buch von einem Mann handelt, der in Oslo herumläuft und hungrig ist.

Die Jahre, in denen ich nicht mit meinem Kind zusammen sein konnte, waren unerhört schmerzlich. Ich bin ja immer durch und durch mütterlich gewesen und habe dieses Kind wahnsinnig geliebt.

Astrid Lindgren

Kinder passen sich ja so leicht an, glauben sie! Dabei passen sie sich ganz gewiss nicht leicht an, selbst wenn es so aussieht.

Astrid Lindgren

Lasse kommt nach Hause

Fast drei Jahre lang schickte Lasses Pflegemama Marie jeden Monat lange Briefe an Astrid. Die Briefe handelten davon, wie es Lasse ging, was er gemacht und was für lustige Sachen er gesagt hatte. Astrid las die Briefe immer und immer wieder.

Eines Tages erfuhr Astrid, dass Marie sehr krank war und sich nicht länger um Lasse kümmern konnte. Astrid wollte nicht, dass ihr Sohn zu einer neuen Familie kam, daher holte sie ihn nach Hause nach Stockholm. Als Lasse umzog, war er etwas älter als drei Jahre.

Wie froh Astrid war, endlich mit Lasse zusammen sein zu können! Aber Lasse ging es nicht so gut. Es gab keinen Kindergarten, in den er gehen konnte, und Astrid musste ja den ganzen Tag arbeiten. Nachts schliefen die beiden kaum, denn Lasse hatte Keuchhusten und hustete die ganze Zeit. »Das waren die schlimmsten Nächte meines Lebens«, hat Astrid einmal gesagt.

Da schlugen Hanna und Samuel August vor, dass Lasse ja bei ihnen auf Näs wohnen könnte. Falls die Leute in Vimmerby tratschten, würden sie sich einfach nicht darum scheren. Und auf Näs konnte Lasse herumlaufen und spielen und klettern – genau wie Astrid es als Kind getan hatte.
»Hier gehört er doch her«, sagte Hanna.
Lasse wohnte auf Näs, bis er viereinhalb Jahre alt war.

Weißt du was?

- Als Lasse nach Vimmerby kam, konnte er nur Dänisch. Aber schon nach wenigen Monaten sprach er Småländisch, genau wie Michel.
- Während der Zeit, als Lasse auf Näs wohnte, war Tante Stina seine Ersatzmama.
- Lasse mochte Tiere sehr gerne. Einmal hatte er Läuse, und als Tante Stina die Läuse wegmachte, wurde Lasse böse. Er fand Stina dumm, weil sie die kleinen Tierchen einfach getötet hatte – dabei gehörten die Läuse doch ihm.
- Lasse nannte die größte Sau auf Näs *Teddy*. So heißt auch das Kuschelschwein von Lotta aus der Krachmacherstraße.

Karin wird geboren

Während Lasse auf Näs wohnte, arbeitete Astrid in einem Büro in Stockholm. Ihr Chef hieß *Sture Lindgren*. Astrid und Sture wurden ein Paar. Zu Ostern, als Lasse viereinhalb Jahre alt war, heirateten Astrid und Sture. Sie feierten eine kleine Hochzeit in dem gelben Haus auf Näs.

Nach der Hochzeit zogen Astrid, Sture und Lasse in eine Wohnung in Stockholm. Endlich konnte Astrid für ihren Jungen die Mama sein, die sie gerne sein wollte. Die beiden spielten und spielten. Eines Tages, als sie im Park einen Abhang hinunterrutschten, zerriss Astrids Rock. Lasse musste den ganzen Heimweg über hinter ihr gehen, damit es niemand sehen konnte.

Als Lasse achteinhalb Jahre alt war, bekam er eine kleine Schwester. Sie hieß *Karin*. Astrid, Lasse und Karin waren von morgens bis abends zusammen, während Sture bei der Arbeit war. Astrid war, wie Mama Hanna, eine sehr kluge Mama: Sie war bestimmt, schimpfte aber nie mit ihren Kindern.

So oft es ging, spielten Astrid, Lasse und Karin in den Parkanlagen. Sie liefen herum und kletterten und schaukelten und sprangen und fuhren Ski und Schlittschuh. Im Sommer wohnten sie in ihrem Sommerhaus auf der Schäreninsel *Furusund*. Dort konnten sie den lieben langen Tag spielen und baden. Und sowohl Sture als auch Astrid lasen Karin und Lasse gerne vor.

Weißt du was?

- »Komm, lass mich Kartoffelmus aus dir machen«, sagte Astrid oft zu ihren Kindern. Das bedeutete, dass sie richtig fest umarmt werden wollte.
- Bevor Astrid ihre ersten Bücher schrieb, veröffentlichte sie viele kleine Geschichten in Wochen- und Weihnachtszeitungen. Vielleicht war ihr das ein bisschen peinlich, denn manchmal verwendete sie nicht ihren richtigen Namen. Stattdessen nannte sie sich *Asta Lindelöv*. Manchmal unterschrieb sie auch nur mit ihren Initialen: *A. L.*

Lass die Kinder in Ruhe, aber sei in Reichweite,
wenn sie dich brauchen. Astrid Lindgren

Und wir sind aus der Vulcanusgatan 12 in die Dalagatan 46 gezogen, trotz Krieg und Mangel. Ich kann nicht umhin, mich über unsere schöne Wohnung zu freuen, obwohl mir die ganze Zeit bewusst ist, dass es uns unverdientermaßen viel zu gut geht, jetzt, da so viele nicht einmal ein Dach über dem Kopf haben. Astrid Lindgren

Die supergeheimen Jobs

Bevor Astrid Autorin wurde, hatte sie zwei geheime Jobs. Erst arbeitete sie für *Harry Söderman*. Er wurde meistens nur *Revolver-Harry* genannt, weil er immer mit einem Revolver herumlief. Harry war Kriminaltechniker und wusste viel darüber, wie man Diebe und andere Verbrecher aufspürt, sodass die Polizei sie festnehmen kann.

Astrid half Harry dabei, ein ungeheuer geheimes Buch zu schreiben, das die Polizei bei der Arbeit unterstützen sollte. Es war wichtig, dass wirklich NUR die Polizei das Buch zu lesen bekam. Denn wenn es zum Beispiel Dieben in die Hände gefallen wäre, hätten sie die Polizei mithilfe der Informationen aus dem Buch an der Nase herumführen können.

Während des Zweiten Weltkrieges bekam Astrid ihren zweiten geheimen Job. Zusammen mit Madita und vielen anderen öffnete und las sie Tausende von Briefen, die nach Schweden geschickt und aus Schweden versendet wurden. Sie prüfte, ob in den Briefen etwas Gefährliches stand, etwa Informationen, die Schweden schaden konnten.

War es nur ein ganz gewöhnlicher Brief, so klebte Astrid den Umschlag wieder zu und schickte den Brief weiter. Durch das Lesen der Briefe lernte sie viel – unter anderem, wie schwer es die Menschen haben, wenn Krieg ist.

Einige Briefe waren lustig, beispielsweise Liebesbriefe. Astrid fand es allerdings ein bisschen frech und schmutzig, fremde Post zu lesen, deshalb nannte sie ihre Arbeit »Schmutzjob«.

Weißt du was?

- Als Astrid Revolver-Harry dabei half, das Buch für die Polizei zu schreiben, lernte sie eine Menge über Fingerabdrücke, Gift und Geheimschrift. Dieses Wissen war sehr nützlich, als sie sich die Geschichten über den *Meisterdetektiv Blomquist* ausdachte.
- Astrid hatte große Angst vor dem Krieg. In ihrem Tagebuch hielt sie alles fest, was draußen in der Welt und in ihrer Familie geschah.
- 1941 zogen Astrid, ihr Mann und ihre Kinder in eine Wohnung in der *Dalagatan 46*, die direkt neben dem Vasapark in Stockholm lag. Dort blieb Astrid bis zum Ende ihres Lebens wohnen.

Denn als ich erst einmal gemerkt hatte, wie viel Spaß das Schreiben macht, konnte mich nichts mehr stoppen! Astrid Lindgren

Astrid wird Autorin

Als Karin sieben Jahre alt war, wurde sie krank und lag im Bett und hatte Langeweile. Sie quengelte ohne Unterlass und wollte, dass ihre Mama ihr etwas Lustiges erzählte.
»Aber *was* soll ich denn erzählen?«, fragte Astrid.
»Erzähl mir von *Pippi Langstrumpf*«, sagte Karin.
Und dann fing Astrid an, von Pippi zu erzählen, die so stark war, dass sie sogar ein Pferd hochheben konnte.

Astrid erzählte nicht nur Karin, sondern auch Karins Freunden und den Kindern ihrer Geschwister mehrere Jahre lang Geschichten über Pippi. Alle Kinder durften Pippis Freunde sein, wenn Astrid erzählte – genau wie *Tommy* und *Annika* es in den Büchern sind.

Eines Tages, im März 1944, schneite es in Stockholm. Astrid ging draußen spazieren, rutschte plötzlich auf einer Eispfütze aus und verstauchte sich den Fuß. Sie musste mehrere Tage ganz still liegen. Da wurde ihr die Zeit so furchtbar lang, dass sie die Geschichten über Pippi aufschrieb. Anschließend schenkte sie Karin die Geschichten zu ihrem zehnten Geburtstag.

Astrid schickte die Geschichten auch an einen Buchverlag, aber der wollte kein Buch über Pippi herausgeben. Dann reichte sie das Buch beim Preisausschreiben eines anderen Verlages ein, und stell dir vor – sie gewann damit den *ersten Preis!* Jetzt war sie eine richtige Autorin.

Weißt du was?

- Der erste Preis für das *Pippi*-Buch waren eintausendfünfhundert Kronen, was heute ungefähr dreißigtausend Kronen entspricht. Das war sehr viel Geld für Astrid.
- Während Astrid auf die Veröffentlichung ihres *Pippi*-Buches wartete, wurde sie auf ein Preisausschreiben für Mädchenbücher aufmerksam. Daraufhin schrieb sie die Geschichte *Britt-Marie erleichtert ihr Herz* und kam damit auf den zweiten Platz. 1944 wurde das Buch herausgegeben – ein Jahr vor *Pippi Langstrumpf*.

Die Freude am Schreiben

Jetzt, da Astrid eine richtige Autorin geworden war, wollte sie am liebsten rund um die Uhr schreiben. Es war, als hätten unglaublich viele Geschichten in ihr geschlummert und nur darauf gewartet, endlich herauszukommen.

Als Erstes schrieb sie mehrere Bücher über *Pippi*, den *Meisterdetektiv Blomquist* und die *Kinder aus Bullerbü*. Es folgten die Bücher über *Lotta aus der Krachmacherstraße*, *Madita*, *Michel aus Lönneberga*, *Karlsson vom Dach* und viele andere. Einige Geschichten waren lustig, andere waren ernster und trauriger – wie zum Beispiel *Mio, mein Mio*, *Rasmus und der Landstreicher* oder *Die Brüder Löwenherz*.

Zu der Zeit, als Astrid mit dem Schreiben anfing, gab es zahlreiche Autoren, die der Meinung waren, Kinder müssten aus ihren Büchern etwas lernen. Doch Astrid war ganz anders. Sie schrieb vor allem deshalb, weil sie sich so gerne Geschichten ausdachte. Außerdem fand sie es wichtig, Worte zu verwenden, die Kinder verstehen.

Weißt du was?

- Astrid legte großen Wert darauf, dass ihre Bücher schöne Bilder hatten. Zu den bekanntesten Illustratoren, die Bilder für ihre Bücher gezeichnet haben, zählen *Ingrid Vang Nyman*, *Ilon Wikland*, *Björn Berg* und *Marit Törnqvist*.
- Eines Tages blätterte Astrid in einem Buch und sah die Zeichnung eines kleinen Jungen, der genau so aussah, wie sie sich Michel vorstellte. Kurzerhand rief sie Björn Berg an, der den Jungen gezeichnet hatte. Sie fragte, ob er ihr *Michel*-Buch illustrieren wollte – und das wollte er.

Wenn ich es am allerschönsten habe, dann ist es so: Morgen. Es ist still im Haus. Das Telefon klingelt nicht. Ich trinke eine Tasse Kaffee, lese die Zeitung, krieche wieder ins Bett, nehme meinen Stenogrammblock und schreibe.

Astrid Lindgren

Wie muss ein gutes Kinderbuch sein? Falls du mich fragst, so könnte ich dir nach reiflicher Überlegung nur antworten: Es muss gut sein.
Astrid Lindgren

Astrid wird Lektorin

Astrid war nicht nur Autorin. Nachdem sie vier Bücher geschrieben hatte, bot man ihr einen Job bei *Rabén & Sjögren* an, dem Verlag, der ihre Bücher herausgab. Sie wurde als Cheflektorin für die Kinder- und Jugendbuchabteilung eingestellt.

Als Lektorin las Astrid Geschichten, die andere Autoren einschickten. Und dann entschied sie, welche gut genug waren, um als Buch veröffentlicht zu werden. Vielen Autoren schrieb sie lange Briefe, um ihnen dabei zu helfen, noch besser zu werden. Vielleicht war Astrid eine strenge Lektorin? Sie war auf jeden Fall der Meinung, dass Bücher für Kinder genauso gut sein müssen wie Bücher für Erwachsene.

Und so teilte Astrid ihre Tage ein: Sie stand morgens ganz früh auf und war bis mittags Autorin. Während sie schrieb, lag sie gerne im Bett. Nachmittags ging sie in den Verlag und arbeitete für den Rest des Tages als Lektorin. »Eine schönere Arbeit, als nach guten Kinderbüchern zu suchen, kann man sich nicht wünschen«, sagte Astrid.

Astrid lektorierte auch ihre eigenen Bücher. Das ist ziemlich ungewöhnlich, aber Astrid wollte am liebsten alles selbst bestimmen. Wenn zum Beispiel eine neue Auflage von *Pippi* oder *Michel* erscheinen sollte, durfte nur Astrid den Text überarbeiten. Anderen erlaubte sie noch nicht mal, ein einziges Komma zu ändern.

Weißt du was?

- Astrid war von 1946 bis 1970 Cheflektorin für Kinder- und Jugendbücher bei *Rabén & Sjögren*.
- Während ihrer Zeit im Verlag übersetzte Astrid viele Bücher. Manchmal nannte sie sich *Anna Ericsson* oder *Emilia Ericsson*. Nur wer ihre drei Vornamen Astrid Anna Emilia kannte, wusste also, dass *sie* das Buch übersetzt hatte.
- Wenn die Arbeit einmal schwierig oder langweilig war, dachte Astrid daran, was Mama Hanna damals zu ihr und den Geschwistern gesagt hatte: »Reiß dich zusammen und mach weiter.«

Ich bin ein ganz, ganz klein wenig ziemlich »berühmt«. Aber darüber mag ich nicht schreiben.

Astrid Lindgren

Woher kommen die Ideen?

Meistens fiel Astrid das Schreiben leicht. Die Buch-Ideen entsprangen ihrer eigenen Kindheit. Außerdem dachte sie an Orte, an denen sie schon einmal gewesen war, und ließ sich von Menschen inspirieren, die sie getroffen hatte. Viele Geschichten von Astrid fingen mit einem Namen an, zum Beispiel *Pippi Langstrumpf* oder auch *Michel.*
»Weißt du, was Michel aus Lönneberga gemacht hat?«, fragte Astrid ihren Enkel Karl-Johan, als er einfach nicht aufhören wollte zu schreien.
Da wurde Karl-Johan plötzlich ganz still, und Astrid erzählte ihm die erste Geschichte von Michel.

Auf dem Friedhof von Vimmerby gibt es ein Grab mit einem Eisenkreuz. In dem Grab liegen zwei kleine Brüder, die vor langer, langer Zeit gestorben sind. Als Astrid das Kreuz sah, kam ihr die Idee, eine Geschichte über den Tod und zwei Brüder zu schreiben. So entstand das Buch *Die Brüder Löwenherz.*

Weißt du was?

- Astrid hat am 14. November Geburtstag. An diesem Tag haben *Emil* und *Emilia* Namenstag. Einer von Astrids Vornamen war ja Emilia. Und im schwedischen Buch heißt Michel *Emil*. Vielleicht ist es gar nicht verwunderlich, dass Astrid eines Tages einen Jungen namens Emil erfand?
- In der schwedischen Version von *Idas Sommerlied* singt Ida, dass sie ganz viel »Gehüpfe« in den Beinen hat. Das Wort hat Astrids Neffe Åke erfunden.
- Wenn du die Filme über *Lotta aus der Krachmacherstraße* gesehen hast, erinnerst du dich vielleicht daran, dass Lotta sich im Regen auf einen Misthaufen stellt? Sie will wachsen und genauso groß werden wie ihre Geschwister. Auf diesen Einfall kam Astrid durch Freunde, deren Kind genau dasselbe gemacht hat.

Alle Menschen sind einsam, obwohl manche so viele Leute um sich haben, dass sie es nicht begreifen oder merken. Bis eines Tages ...

Astrid Lindgren

Die Einsamkeit

Astrid hat gesagt, dass sie nie in ihren Mann Sture verliebt war. Und manchmal ist es auch nicht leicht gewesen, mit ihm verheiratet zu sein. Er verliebte sich andauernd in neue Frauen, was Astrid traurig machte. Trotzdem mochte sie Sture, deshalb war es sehr schlimm für sie, als er krank wurde und im Alter von nur dreiundfünfzig Jahren starb. Er war Alkoholiker und schon lange Zeit krank gewesen. Zwar hatte er versuchte, mit dem Trinken aufzuhören, aber er schaffte es nicht.

Plötzlich wohnten sie nur noch zu zweit in der Wohnung in der Dalagatan. Lasse war bereits einige Jahre zuvor ausgezogen und hatte geheiratet. Doch Karin wohnte nach wie vor zu Hause, und das war gut für Astrid. Nach Stures Tod sagte Astrid: »Vor allem will ich mit meinen Kindern zusammen sein. Dann will ich mit meinen Freunden zusammen sein. Und darüber hinaus will ich mit mir selbst zusammen sein. Ganz und gar mit mir.«

Astrid fand es wichtig, dass alle Menschen lernen, auch allein glücklich zu sein.

Weißt du was?

- Astrid war gerne allein, aber sie hatte Angst davor, einsam zu werden.
- Besonders beim Schreiben war Astrid gerne allein. Jeden Sommer verbrachte sie in ihrem Sommerhaus im Schärengarten, wo sie viele ihrer Bücher schrieb.
- Mehrere ihrer Bücher handeln von einsamen Kindern – vor allem von einsamen Jungen, wie etwa von dem Kinderheimkind *Rasmus* in *Rasmus und der Landstreicher* oder dem Pflegekind *Bosse* in *Mio, mein Mio*.

Denn alles, was geschieht, muss zunächst einmal in der Fantasie eines Menschen Gestalt annehmen.

Astrid Lindgren

Schwedens teuerster Führerschein

Als Astrid siebenundvierzig Jahre alt war, wollte sie auf einmal Autofahren lernen. Sie musste sehr viele Fahrstunden nehmen, bevor sie die Prüfung machen durfte. Kurz vor Weihnachten im Jahr 1954 war es endlich so weit! Astrid fuhr in Stockholm herum, während ein Fahrprüfer neben ihr saß. Er sollte entscheiden, ob sie gut genug war, um den Führerschein zu bekommen.

Am Ende der Fahrt schüttelte der Prüfer den Kopf.
»Nein, Frau Lindgren, das wird wohl nichts mit dem Führerschein!«
»Aber das können Sie doch nicht machen, so kurz vor Weihnachten!«, sagte Astrid. »Ich brauche den Führerschein ja nur, um meine Kinder und Enkelkinder in Sicherheit bringen zu können, falls ein Krieg ausbricht!«
»Liebe Frau Lindgren, Ihr Fahrstil ist für die Kinder gefährlicher als der Krieg«, antwortete der Prüfer.

Letztendlich bekam Astrid den Führerschein trotzdem. Sie nannte ihn »Schwedens teuersten Führerschein«, denn die vielen Fahrstunden hatten ungeheuer viel Geld gekostet.

Ein Jahr später fuhr Astrid gegen eine Mauer. Da verkaufte sie ihr Auto und setzte sich stattdessen nur noch aufs Fahrrad.

Weißt du was?

- Nachdem Astrid ihren Führerschein gemacht hatte, schaffte sie sich einen schwarzen Volvo PV 444 an.
- Moderne und technische Sachen mochte Astrid nicht so gerne. Zum Beispiel wollte sie unbedingt auf einer altmodischen Schreibmaschine schreiben, die nicht elektrisch betrieben war.

Wie ich mich nach meinen Kindern und Enkeln sehne, sobald ich sie nicht mehr sehe.

Astrid Lindgren

Die Familie ist das Wichtigste

Astrid war gerne mit ihrer Familie zusammen, und nach und nach wurde die Familie ziemlich groß. Lasse bekam drei Kinder: *Mats*, *Annika* und *Anders*. Karin bekam vier Kinder: *Karl-Johan*, *Malin*, *Nils* und *Olle*. Außerdem wurden viele Urenkel geboren.

Die ganze Familie verbrachte gerne Zeit im Sommerhaus auf Furusund. Aber Astrid wollte dort ja auch schreiben, und das war gar nicht so leicht, wenn das Haus voller Leute war. Darum tat Astrid etwas Pfiffiges: Sie kaufte zwei Häuser in unmittelbarer Nähe – eins für Lasses Familie und eins für Karins Familie.

Nun, da Astrid eine sehr berühmte Autorin war, fand sie es schön, ab und zu aus der Stadt mit all den vielen Telefonanrufen und Briefen wegzukommen. Im Sommerhaus konnte sie sich entspannen und schreiben, und jeden Morgen ging sie vom Steg aus baden.

Im Sommer fuhr Astrid auch immer für einige Wochen nach Vimmerby, um mit den Verwandten auf Näs zusammen zu sein. Ihr großer Bruder Gunnar und seine Familie wohnten gemeinsam mit Hanna und Samuel August in dem gelben Haus. Als 1965 die Landwirtschaft auf Näs eingestellt wurde, kaufte Astrid das rote Haus, denn sie war auf eine richtig gute Idee gekommen: Sie suchte die alten Möbel heraus und richtete das Erdgeschoss so ein, dass es fast wie in ihrer Kindheit aussah. Und abends legte sie sich in Papa Samuel Augusts altes Bett.

Weißt du was?

- Astrid liebte ihr Sommerhaus und führte immer einen kleinen Freudentanz auf, wenn sie dort ankam.
- Das Sommerhaus auf Furusund liegt ganz in der Nähe der Insel, wo die Fernsehserie *Ferien auf Saltkrokan* gedreht wurde. Saltkrokan heißt eigentlich *Norröra*, und man kann mit dem Schiff hinfahren.
- Wenn Astrid auf Furusund war, schrieb sie an viele merkwürdige Stellen Tagebuch. Zum Beispiel an die Unterseite der Bank auf dem Balkon.

»Große Menschen haben niemals Spaß«, sagte Pippi.
»Und spielen können sie auch nicht«, sagte Annika.
»Usch, dass man unbedingt groß werden muss!«

Pippi in Taka-Tuka-Land, Astrid Lindgren

Die gefährliche Hexe auf Näs

Astrid hatte großen Spaß daran, mit ihren und Gunnars Enkelkindern in dem roten Haus auf Näs zu spielen. Manchmal war sie eine gefährliche Hexe, die die Kinder fangen wollte.

Die Hexe wohnte in der Küche. Sie legte kleine Schokoladenstückchen auf einen Brotschieber, und dann steckte sie den Brotschieber durch die Küchentür, um die Kinder herbeizulocken. Wenn die Kinder angelaufen kamen und nach den Schokostückchen griffen, blieben sie am Brotschieber hängen – denn so ging das Spiel. Anschließend schleifte Astrid die Kinder in die Küche und sperrte sie in den Feuerholzkasten.

»Jetzt werde ich die große Schere holen und euch die Haare abschneiden«, sagte Astrid mit ihrer Hexenstimme. Um an die Schere zu gelangen, musste die Hexe sich allerdings mit dem Rücken zur Feuerholzkiste drehen. Da sprangen die Kinder in Windeseile aus der Kiste heraus – und waren frei.

Es war ein sehr lustiges Spiel, doch es war auch ziemlich unheimlich.
Ein Enkelkind von Gunnar sagte: »Wir Kinder wissen ja, dass Astrid keine richtige Hexe ist. Aber sie selbst glaubt, sie wäre eine!«

Weißt du was?

- Heute gehören sowohl das rote als auch das gelbe Haus auf Näs *Gunvor*, *Barbro* und *Eivor*. Sie sind die Töchter von Gunnar und seiner Frau *Gullan*.
- Gunvor, Barbro und Eivor sind jeden Sommer auf Näs. Dort kann man sie in dem kleinen Laden besuchen, der *Boa* heißt. Und man kann sich ihre schöne Ausstellung über Gunnar, Stina und Ingegerd anschauen.

Wer stark ist, muss auch gut sein.

Kennst du Pippi Langstrumpf?, Astrid Lindgren

Niemals Gewalt!

Man darf seine Kinder nicht schlagen, forderte Astrid. Dieser Meinung waren allerdings nicht alle – einige Eltern wollten ihre Kinder aufziehen, wie sie es für richtig hielten. Doch genau wie Pippi fand Astrid: Wer stark ist, muss auch richtig nett sein. Und die Starken, das sind ja die Erwachsenen.

1978 bekam Astrid in Deutschland einen großen Friedenspreis verliehen. Zu diesem Anlass hielt sie eine Dankesrede, die sie *Niemals Gewalt!* nannte. In ihrer Rede sagte Astrid ungefähr Folgendes: Wenn wir Frieden in der Welt haben wollen, müssen wir mit den Kindern anfangen. Denn wenn die Kinder erwachsen werden, steuern sie die Welt und entscheiden über Krieg und Frieden. Darum müssen alle Kinder in Liebe aufwachsen. So wird es vielleicht weniger Gewalt in der Welt geben.

Nach Astrids Rede sprach man in Schweden und in vielen anderen Ländern über Kindererziehung. Ein Jahr später bekam Schweden ein neues Gesetz, worin stand, dass es strafbar ist, wenn Eltern und andere Erwachsene Kinder schlagen oder verletzen.

Weißt du was?

- Schweden war das erste Land der Welt, in dem ein Gesetz eingeführt wurde, das Gewalt gegen Kinder verbietet. Das war im Jahr 1979.
- Einige von Astrids Büchern handeln davon, dass man Kinder nicht schlagen oder verletzen darf, zum Beispiel *Madita und Pims*. In diesem Buch bekommt das arme Mädchen Mia Prügel vom Rektor, weil sie sein Portemonnaie weggenommen hat. Aber Madita protestiert, genau wie Astrid: »Nein, nein, nein, nein!«, schreit sie. Und dann lässt der Oberlehrer tatsächlich den Rohrstock sinken.

Kein Häuflein Dreck

Astrid war eine sehr mutige Person. Sie hatte keine Angst, genau das zu sagen, was sie dachte. Zum Beispiel fand sie, dass Kühe, Schweine, Hühner und andere Tiere ein schönes Leben haben sollen. Und weil Tiere nicht selbst sprechen können, sprach Astrid für die Tiere.

»Kühe und Stiere und Kälber müssen im Sommer rausgehen und weiden dürfen. Und Schweine und Hühner müssen mehr Platz bekommen, um sich zu bewegen«, sagte Astrid. Sie war ja auf einem Hof aufgewachsen, wo man sich gut um die Tiere kümmerte.

Viele Menschen stimmten Astrid zu, und am Ende war die schwedische Regierung gezwungen, ihr zuzuhören. Als Astrid achtzig Jahre alt wurde, schenkte ihr der Staatsminister *Ingvar Carlsson* ein Tierschutzgesetz, das *Lex Lindgren* genannt wurde. »Lex« ist ein lateinisches Wort, das »Gesetz« bedeutet.

Erst freute sich Astrid sehr über das Geschenk. Aber nach einer Weile war sie nicht mehr so froh, denn den Tieren ging es nach wie vor schlecht.
»Dieses Gesetz ist FURZIG«, sagte Astrid.
Sie war der Meinung, dass man mehr tun müsste. Und so kämpfte sie noch viele Jahre lang für die Rechte der Tiere.

Weißt du was?

- Astrid und die Tierärztin *Kristina Forslund* schrieben zahlreiche Zeitungsartikel über die Rechte der Tiere. Du kannst die Artikel in einem Buch lesen, das *Meine Kuh will auch Spaß haben* heißt.
- Von allen ihren Figuren mochte Astrid Michel besonders gerne. Er war sehr tierlieb, genau wie Astrid, und er besaß auch viele Tiere: das Pferd *Lukas*, das Huhn *Hinke-Lotta*, die Kuh *Rölla* und *Ferkelchen*.

Aber da antwortete mir Jonathan, es gebe Dinge, die man tun müsse, selbst wenn es gefährlich sei.
»Aber warum bloß?«, fragte ich.
»Weil man sonst kein Mensch ist, sondern nur ein Häuflein Dreck«, erwiderte er.

Die Brüder Löwenherz, Astrid Lindgren

Weißt du was?

- In dem Buch *Im Land der Dämmerung* erzählt Astrid von einem sehr kranken Jungen, der *Göran* heißt. Göran bekommt jeden Abend Besuch von *Herrn Lilienstengel*, und die beiden fliegen zusammen über Stockholm – genau wie Astrid im Heißluftballon.
- Einige Jahre nachdem Astrid die Geschichte über Göran geschrieben hatte, tauchte Herr Lilienstengel plötzlich wieder in ihrem Kopf auf. Doch jetzt war er ziemlich frech und hatte einen Propeller auf dem Rücken: Er hatte sich ganz einfach in *Karlsson vom Dach* verwandelt.

Von allen Plätzen, wo man sitzen und essen kann, mag ich am liebsten solche, die oben auf einem Baum sind.

Die Kinder aus der Krachmacherstraße, Astrid Lindgren

Na klar können alte Tanten spielen

Astrid spielte auch noch, als sie schon alt war. Wenn sie einen schönen Kletterbaum sah, wollte sie unbedingt hinauf. Und mit siebzig Jahren kletterte sie in rasantem Tempo einen Radiomast hoch.

Doch vor allen Dingen zog es Astrid nach draußen in die Natur. Sie brauchte gar nicht viel zu tun, sie wollte einfach nur in der Natur SEIN, den Duft des Waldes riechen und den Gesang der Vögel hören.

Astrid wanderte sehr gerne auf Friedhöfen herum. An einem Sommertag, als Astrid und ihre Freundin *Elsa* ein bisschen langweilig war, sagte Elsa: »Aber im Herbst, Astrid, da werden wir Spaß haben. Da gehen wir auf den Friedhof.«

Und das taten sie. Sie spazierten allerdings nicht nur auf dem Friedhof herum. Nein, sie spielten zum Beispiel ein Spiel, das sie *Wer als Erstes zu sieben Grabsteinen kommt* nannten. Es funktionierte so: Sie liefen von Grabstein zu Grabstein und wetteiferten, wer am schnellsten Grabsteine zählen konnte. Außerdem wetteiferten sie, wer die schönsten Namen auf dem Friedhof finden konnte.

Als Astrid sechsundachtzig Jahre alt war, schwebte sie in einem Heißluftballon über Stockholm. Sie wollte Stockholm von oben sehen und flog über die Hausdächer, genau wie Herr Lilienstengel und Karlsson vom Dach es in ihren Büchern machen.

Weißt du was?

- Nachdem Hanna und Samuel August gestorben waren, suchte Astrid die Liebesbriefe heraus, die ihre Eltern sich in ihrer Jugend geschickt hatten. Und dann schrieb sie ein Buch über ihre Eltern. Es heißt *Das entschwundene Land*.
- Einige von Astrids Büchern handeln vom Tod oder von der Angst zu sterben. Zum Beispiel *Die Brüder Löwenherz* und *Im Land der Dämmerung*.
- Als Astrids großer Bruder Gunnar krank war, schenkte sie ihm als Trostbuch *Die Brüder Löwenherz*, damit er sich nicht vor dem Sterben fürchtete.

»Er fehlt mir so sehr, dass es mir ins Herz schneidet!«

Ronja Räubertochter, Astrid Lindgren

Der Tod, der Tod, der Tod

Astrid telefonierte oft mit ihren Schwestern Stina und Ingegerd. Manchmal begannen sie ihre Gespräche mit den Worten »Der Tod, der Tod, der Tod«. Und damit hatten sie genug über dieses Thema gesprochen.

Im Laufe ihres Lebens verlor Astrid viele Menschen, die sie furchtbar gerngehabt hatte. Denn so ist es, wenn man vierundneunzig Jahre alt wird. Mama *Hanna* starb 1961, und das war sehr traurig. Vor allem, weil Samuel August so unglücklich darüber war – schließlich hatte er seine Frau über alles geliebt.

Papa *Samuel August* starb 1969. In den letzten Jahren vor seinem Tod wohnte er in einem Altenheim. Wann immer Astrid ihn besuchte, las sie ihm etwas vor. Samuel August hörte gerne Geschichten über Michel, weil das Leben auf Katthult seinem eigenen Leben ähnelte, als er ein Kind gewesen war.

1974 starb Astrids großer Bruder *Gunnar*. Er war einer von Astrids allerbesten Freunden gewesen und das Vorbild für *Lasse* in Bullerbü. Außerdem war er der erste Sachensucher – von ihm haben Pippi und die Kinder aus Bullerbü das Spiel gelernt.

Astrid verlor auch viele Freunde, unter anderem *Madita*. Doch das Allerallerschlimmste geschah 1986, als *Lasse* an Krebs starb.
»Es ist nicht richtig, dass Kinder vor ihren Eltern sterben«, sagte Astrid. »Lasse zu verlieren war der größte Schmerz meines Lebens.«

> *Am liebsten würde ich wie ein kleines einsames Tier im Wald sitzen.* Astrid Lindgren

Erinnerungen und Tagträume

Im hohen Alter sah und hörte Astrid schlecht. Trotzdem machte sie noch viele Sachen. Oft war Karin bei ihr. Außerdem hatte Astrid eine Privatsekretärin, die *Kerstin Kvint* hieß und ihr dabei half, alle Briefe zu lesen, die sie bekam. Wenn Astrid auf einen Brief antworten wollte, diktierte sie Kerstin, was sie schreiben sollte.

Während der letzten Jahre vor ihrem Tod konnte Astrid nicht mehr ohne Hilfe nach draußen gehen. Wie sie sich nach der Natur sehnte! Sie tröstete sich damit, Musik zu hören – am liebsten *Mozart*.

Astrid war sehr hilfsbereit. Und sie konnte unglaublich traurig werden, wenn sie von Menschen oder Tieren hörte, die leiden mussten.

Jeden Abend lag Astrid einfach so da und träumte vor sich hin, bevor sie einschlief. Sie träumte, dass es an ihre Tür klopfte und ein hungriges, frierendes Kind davorstand. Dann stellte sich Astrid vor, wie sie das Kind in die Wärme zog, es umarmte, ihm Essen und warmen Kakao machte und ein Bad einlaufen ließ.

»Es gibt so viele Kinder auf der Welt, die es schwer haben, und in Wirklichkeit kann ich ja nicht allen helfen. Aber es hilft ein bisschen, dass ich mich zumindest nachts ein wenig um sie kümmern kann, selbst wenn es nur in der Fantasie ist«, sagte Astrid.

Weißt du was?

- Astrid bekam insgesamt ungefähr fünfundsiebzigtausend Briefe. Da ist es wohl nicht verwunderlich, dass sie Hilfe brauchte, um einen Teil von ihnen zu beantworten.
- Im Jahr 1997 war Astrid neunzig Jahre alt und wurde zur *Schwedin des Jahres* ernannt. Als Astrid von Kronprinzessin *Victoria* den Preis überreicht bekam, sagte sie: »Ich glaube, ihr habt eine Sache vergessen. Und zwar, dass ich ein alter Mensch bin, der taub, halb blind und total verrückt ist. Und mich habt ihr zur Schwedin des Jahres gemacht! Wir müssen aufpassen, dass sich das nicht herumspricht, denn dann werden die Leute glauben, ganz Schweden wäre so.«

Man muss lernen zu leben, damit man sich mit dem Tod anfreundet ... Glaube ich, tralala.

Astrid Lindgren

Das Leben geht zu Ende

Im Mai 1998 bekam Astrid Lindgren einen Schlaganfall. Danach musste sie immer eine Krankenschwester bei sich haben. Astrid war sehr traurig, und für Karin und die Enkelkinder war es schwierig, sich mit ihr zu unterhalten. Am besten konnte Astrid über Dinge sprechen, die vor langer Zeit geschehen waren, noch vor Lasses Tod. Astrid hörte Radio und Musik von Mozart, und sie mochte es, wenn Karin ihr aus *Michel* vorlas.

Am Montag, den 28. Januar 2002, um zehn Uhr vormittags starb Astrid zu Hause in ihrem Bett in der Dalagatan. Sie war nicht allein. Karin, zwei Krankenschwestern und ein Arzt waren bei ihr.

Als bekannt wurde, dass Astrid gestorben war, zündeten zahlreiche Menschen Kerzen an und legten Blumen vor ihr Haus. Astrid hatte für viele eine große Bedeutung gehabt.

Am Freitag, den 8. März, fand für Astrid eine schöne Gedenkfeier in der *Storkyrkan*, der großen Kirche in Stockholm, statt. Über hunderttausend Menschen waren auf den Straßen, als Astrids Sarg auf einem von Pferden gezogenen Wagen zur Kirche gefahren wurde. Bei der Beerdigung war die gesamte Königsfamilie anwesend. Astrid wurde auf dem *Friedhof von Vimmerby* beigesetzt, genau wie sie es sich gewünscht hatte. Dort ruht sie im selben Grab wie ihre Eltern, direkt neben ihrem großen Bruder Gunnar. Und auf Astrids Grab liegt ein schöner Stein aus Näs.

Weißt du was?

- Zu Astrids Beerdigung wurde viel Musik gespielt, unter anderem aus dem Film *Die Brüder Löwenherz.*
- Auch Madita ist auf dem Friedhof von Vimmerby begraben. Schon vor langer, langer Zeit hatten Astrid und Madita beschlossen, dass sie zusammen spuken würden, wenn sie tot wären.

Astrid Lindgrens Welt

»Schenkt den Kindern Liebe, mehr Liebe und noch mehr Liebe«, hat Astrid gesagt. Denn sie fand, dass Liebe das Allerwichtigste für ein Kind ist.

Mit ihrer Fantasie hat Astrid vielen Menschen Freude gebracht. Ihre Bücher wurden in mehr als neunzig Sprachen übersetzt. Millionen von Kindern und Erwachsenen haben die Geschichten von *Pippi*, *Michel*, *Ronja* und all ihren anderen Figuren gelesen.

In den Büchern und Filmen können wir noch immer in Astrids Geschichten eintauchen. Und wir können ihr Geburtshaus in *Vimmerby* besuchen. Gleich neben dem Geburtshaus liegt das Kulturzentrum *Astrid Lindgrens Näs*. Dort gibt es eine Ausstellung über Astrids Leben und schöne Beete mit allen Blumen, die sie so gerne mochte.

In Vimmerby ist auch *Astrid Lindgrens Welt*. Dort kannst du *Pippi* und *Michel* und *Karlsson* und *Ronja* und *Rasmus* und *Madita* und viele andere Kinderbuchhelden, die Astrid erfunden hat, besuchen. In der Nähe von Vimmerby kannst du dir *Sevedstorp* und *Gibberyd* angucken, wo die Filme über *Michel* und die *Kinder aus Bullerbü* gedreht wurden.

Wenn du in Stockholm bist, musst du unbedingt in das märchenhafte Museum *Junibacken* gehen. Dort erzählt dir Astrid Lindgren Geschichten, während du im *Sagotåget*, dem Märchenzug, herumfährst. Er bringt dich nach *Katthult*, ins *Kirschblütental* und zu all den anderen Orten, die ihrer Fantasie entsprungen sind.

In der *Kungliga biblioteket*, Schwedens Nationalbibliothek in Stockholm, gibt es ein riesengroßes Astrid-Lindgren-Archiv. Dort werden alle Manuskripte ihrer Bücher und Tausende Briefe und Fotos aufbewahrt.

Nur einen Katzensprung vom *Vasapark* entfernt liegt Astrid Lindgrens Wohnung in der *Dalagatan 46*. Sie sieht genauso aus wie damals, als Astrid noch lebte. Man darf die Wohnung besichtigen, allerdings muss man vorher eine Führung buchen.

Und wenn es mir gelungen ist, nur eine einzige düstere Kindheit zu vergolden, dann bin ich zufrieden.

Astrid Lindgren

Wichtige Jahreszahlen in Astrids Leben

1875

Am 5. Januar wird Papa Samuel August geboren.

1879

Am 9. Januar kommt Mama Hanna zur Welt.

1888

Samuel August verliebt sich in Hanna. Und er bleibt für den Rest seines Lebens in sie verliebt.

1895

Am 30. April zieht Samuel August mit seinen Brüdern und seinen Eltern aus dem mittleren Haus in Sevedstorp nach Näs in Vimmerby. Näs ist ein Pfarrhof, und Samuel Augusts Familie arbeitete für den Pfarrer. Sie betreiben Landwirtschaft, kümmern sich um die Tiere und fahren den Pfarrer zur Kirche.

1903

Hanna kommt nach Vimmerby, um Weben zu lernen. Hanna und Samuel August verloben sich.

1905

Am 13. Juni heiraten Hanna und Samuel August. Zu Hause bei Hannas Eltern findet ein großes Fest statt. Hanna darf Samuel August nach der Hochzeit nicht nach Näs begleiten. Denn ihre Mutter möchte, dass sie noch zwei Wochen lang zu Hause bleibt, um sauber zu machen und zu waschen.

1906

Am 27. Juli kommt Astrids großer Bruder Gunnar zur Welt.

1907

Am 14. November wird Astrid geboren.

1911
Astrid wird zum ersten Mal große Schwester: Stina wird am 1. März geboren.

1912
Madita (Anne-Marie Ingeström, später verheiratete Fries) zieht in ein großes weißes Steinhaus, das *Tuvelyckan* heißt. Das Haus gibt es noch immer, es liegt genau zwischen Näs und dem Zentrum von Vimmerby. Astrid und Madita sind ihr ganzes Leben lang beste Freundinnen.

1914
Astrid kommt in die Schule.

Eine Kindheit ohne Bücher, das wäre keine Kindheit. Es wäre, als wenn man aus dem verzauberten Land ausgeschlossen wäre, aus dem man sich die seltsamste aller Freuden holen kann.

Astrid Lindgren

1916
Am 15. März wird Astrids kleine Schwester Ingegerd geboren.

1920
Im Sommer zieht Astrids Familie in das große gelbe Haus auf Näs. Es ist der Sommer, in dem Astrid zwölfeinhalb Jahre alt ist und plötzlich feststellt, dass sie nicht mehr spielen kann.

1921
Astrid wird in Vimmerby »prominent«, weil die *Vimmerby Tidning* am 7. September der Aufsatz *Auf unserem Hof* veröffentlicht.

1923
Astrid wird konfirmiert und macht nach neun Schuljahren ihren Abschluss.

1924
Astrid fängt bei der *Vimmerby Tidning* an.

1925
Als allererstes Mädchen in Vimmerby schneidet sich Astrid die Haare kurz.
Im Juli ist sie mit fünf Freundinnen auf der Landstraße unterwegs und schreibt Reisebriefe für die *Vimmerby Tidning*.
Im Herbst werden Astrid und Reinhold Blomberg, der Chef der Zeitung, ein heimliches Liebespaar.

1926

Im Frühling wird Astrid schwanger und verlobt sich mit Reinhold, ohne dass jemand etwas davon erfährt. Am Ende des Sommers zieht Astrid alleine nach Stockholm, wo sie eine Ausbildung zur Sekretärin beginnt. Ihr Sohn Lasse kommt am 4. Dezember in Kopenhagen zur Welt.

1927–1930

Lasse wohnt bei einer Pflegefamilie in Kopenhagen. Astrid besucht ihn, so oft sie kann. Sie arbeitet als Sekretärin in Stockholm. 1928 fängt sie bei KAK (dem Königlichen Automobilklub) an und lernt dort Sture Lindgren kennen.

1930

Am 28. Januar zieht Lasse nach Stockholm, er soll von nun an bei Astrid wohnen. Doch dann bringt Astrid ihn im Mai zu seiner Oma, seinem Opa und Tante Stina nach Näs.

1931

Am 4. April heiraten Astrid und Sture Lindgren. Zusammen mit Lasse ziehen sie in eine Wohnung in die Vulcanusgatan 12 in Stockholm.

1933

Astrid beginnt, Geschichten für Zeitschriften und Wochenzeitungen zu schreiben, um Geld zu verdienen. Die erste Geschichte heißt *Das wunderbare Bildradio des Weihnachtsmannes*. Ein Bildradio ist so etwas Ähnliches wie ein Fernseher. Astrid hat ihn erfunden, denn damals gab es noch kein Fernsehen.

1934

Am 21. Mai wird Astrids Tochter Karin geboren.
Astrid ist zum ersten Mal im Sommerhaus auf Furusund zu Besuch, wo Stures Eltern wohnen. Erst mieten Stures Eltern das Haus nur, aber 1939 leihen sie sich von Samuel August Geld und kaufen es für zehntausend Kronen. Später schreibt Astrid viele ihrer Bücher draußen auf dem Balkon des Hauses.

1937

Astrid arbeitet als Stenografin und hilft dem Kriminaltechniker Harry Söderman, ein geheimes Handbuch für die Polizei zu schreiben.

1939

Am 1. September beginnt der Zweite

Weltkrieg, und Astrid schreibt von nun an ein Kriegstagebuch über all das Schreckliche, das in der Welt geschieht.
Astrid veröffentlicht ihren ersten öffentlichen Beitrag in der Tageszeitung *Dagens Nyheter*. Er heißt *Über die Kunst, ein Kind zu sein.*

Man darf Kindern keine Angst einjagen, aber genau wie Erwachsene sollen sie von der Kunst berührt werden. Man muss eine Seele aufrütteln, die andernfalls schläft, alle haben es nötig, manchmal zu weinen und erschreckt zu werden. In Büchern macht das nichts. Ein Kind blättert schnell die Buchseite um, wenn ihm der Inhalt nicht gefällt. Astrid Lindgren

1940
Während des Zweiten Weltkriegs hat Astrid einen geheimen Job beim Militärischen Nachrichtendienst in der Abteilung Briefzensur.

1941
Karin erfindet den Namen Pippi Langstrumpf, und Astrid erzählt Karin und ihren Freunden zum ersten Mal von Pippi.
Astrid, Sture, Lasse und Karin ziehen in eine Wohnung in der Dalagatan 46.

1944
Astrid schreibt die Geschichten über Pippi Langstrumpf auf und schenkt sie Karin zu ihrem zehnten Geburtstag.
Sie gewinnt in einem Preisausschreiben für Mädchenbücher den zweiten Platz, und ihr allererstes Buch wird herausgegeben: *Britt-Marie erleichtert ihr Herz.*

1945
Pippi Langstrumpf gewinnt den ersten Preis beim Kinderbuchwettbewerb des Verlages Rabén & Sjögren und erscheint dort als Buch.

1946
In Schweden kommt das erste Buch über den *Meisterdetektiv Kalle Blomquist* heraus.
Astrid wird eine Stelle als Kinderbuchlektorin beim Verlag Rabén & Sjögren angeboten.

1947
In Schweden erscheint der erste Band über die *Kinder aus Bullerbü.*
Der erste Astrid-Lindgren-Film *Meisterdetektiv Blomquist* wird gedreht.

1948
Astrid unternimmt ihre erste große Reise in die USA, um Reisebriefe für eine Wochenzeitung zu schreiben. Sie ist sehr verärgert darüber, wie man Schwarze in den USA behandelte. Die Reisebriefe werden später in ihrem Buch *Kati in Amerika* herausgegeben (1950).

1950
Für ihr Buch *Nils Karlsson Däumling* (1949) verleiht man Astrid die Nils-Holgersson-Plakette. Es ist eine schöne Glasplakette mit Text und Bild. Astrid ist die Allererste, die diesen Literaturpreis erhält.
Lasse heiratet.

1952
Am 15. Juni verliert Astrid ihren Mann Sture. Er wurde nur dreiundfünfzig Jahre alt.

1954
In Schweden erscheint *Mio, mein Mio*. Astrid beschließt, Autofahren zu lernen, und nimmt viele Fahrstunden.

1955
Astrid kauft ein Auto. Doch schon nach einem Jahr gibt sie das Fahren wieder auf, weil sie findet, dass sie es nicht so gut kann.
In Schweden wird der erste Band über *Karlsson vom Dach* veröffentlicht.

1956
In Schweden erscheint das Buch *Rasmus und der Landstreicher*.

1957
Astrid beginnt, mit dem Regisseur Olle Hellbom zusammenzuarbeiten. Gemeinsam produzieren die beiden siebzehn Filme.

1958
Karin heiratet.
Der erste Band über *Die Kinder aus der Krachmacherstraße* kommt in die schwedischen Buchläden.
Astrid wird für *Rasmus und der Landstreicher* mit der Hans-Christian-Andersen-Medaille ausgezeichnet. Damals war die H.-C.-Andersen-Medaille der bedeutendste Kinderbuchpreis der Welt. Heute ist der Astrid-Lindgren-Gedächtnispreis der wichtigste Preis für Kinder- und Jugendliteratur. Er wurde kurz nach Astrids Tod gestiftet und wird auch ALMA-Preis genannt. ALMA ist eine Abkürzung für *Astrid*

Lindgren Memorial Award, wie der Preis auf Englisch heißt.

1960
In Schweden erscheint das erste *Madita*-Buch.

1961
Mama Hanna stirbt im Alter von zweiundachtzig Jahren.

1963
Der erste Band über *Michel* wird in Schweden veröffentlicht.
Astrid schreibt die Fernsehserie *Ferien auf Saltkrokan*. Es ist die erste Geschichte, die sie sich speziell für das Fernsehen ausdenkt. Die Serie ist nach Astrids Segelboot benannt. Im Jahr darauf erscheint in Schweden das gleichnamige Buch.

1965
Astrid kauft das rote Haus auf Näs.

1967
Der Verlag Rabén & Sjögren stiftet zu Astrids sechzigstem Geburtstag den Astrid-Lindgren-Preis. Der Preis wird jedes Jahr an einen schwedischen Kinder- und Jugendbuchautor verliehen.

Und dann schreibe ich so, wie ich mir selbst das Buch wünschen würde, wenn ich ein Kind wäre. Ich schreibe für das Kind in mir.

Astrid Lindgren

1969
Papa Samuel August stirbt mit vierundneunzig Jahren.

1970
Astrid beendet ihre Arbeit als Cheflektorin für Kinder- und Jugendliteratur bei Rabén & Sjögren, doch sie schreibt weiterhin Bücher.

1973
In Schweden kommt das Buch *Die Brüder Löwenherz* heraus.

1974
Am 27. Mai stirbt Astrids großer Bruder Gunnar im Alter von siebenundsechzig Jahren.

1976
Astrid bemerkt plötzlich, dass sie und viele andere mehr Steuern bezahlen sollen, als gerecht ist. Das findet sie falsch, darum schreibt sie das Steuermärchen *Pomperipossa in Mosmanien*, das in der Zeitung *Expressen* abgedruckt wird. Es handelt

von Pomperipossa, der es genauso ergeht wie Astrid. Pomperipossa wird so böse, dass sie sich Geld für eine Brechstange erbettelt. Und mit der Brechstange will sie sich ihr Geld zurückholen.
Das Märchen über Pomperipossa löst eine große Debatte aus. Die Sozialdemokraten, die das Land vierundvierzig Jahre lang regiert haben, geraten dermaßen stark in die Kritik, dass sie die nächste Wahl verlieren. Denn sehr viele Menschen hören auf das, was Astrid sagt. Und so entscheiden sie sich dafür, nicht für die Sozialdemokraten zu stimmen.

1978
Astrid bekommt den Friedenspreis des Deutschen Buchhandels verliehen. Ihre Rede *Niemals Gewalt!* führt zu einer öffentlichen Debatte, und im folgenden Jahr wird in Schweden ein Gesetz verabschiedet, das Gewalt gegen Kinder verbietet.

1981
Astrid schreibt ihren letzten großen Roman *Ronja Räubertochter*.
In Vimmerby bauen einige Eltern eine kleine Version von Katthult nach. Es macht ihnen so viel Spaß, dass sie gleich noch weitere kleine Häuser aus Astrids Büchern nachbauen. Das ist der Beginn des großen Themenparks in Vimmerby: *Astrid Lindgrens Welt*.

1985
Astrid mischt sich in die Tierschutzdebatte ein.

Beim Schreiben war ich unerreichbar für alle Sorgen. — *Astrid Lindgren*

1986
Am 22. Juli stirbt ihr Sohn Lasse im Alter von neunundfünfzig Jahren.

1987
Zu Astrids achtzigstem Geburtstag verspricht ihr der Staatsminister ein neues Tierschutzgesetz, das *Lex Lindgren* genannt wird.

1988
Für ihren Einsatz für Kinderfilme verleiht man Astrid den Guldbagge-Preis.

1996
In Stockholm wird das Märchenmuseum *Junibacken* eröffnet. Astrid schreibt Geschichten für den Märchenzug und liest sie auch selbst ein.

1997
Astrid wird zur *Schwedin des Jahres* ernannt.
Ihre kleine Schwester Ingegerd stirbt am 21. September im Alter von einundachtzig Jahren.

1998
Nach einem Schlaganfall kommt Astrid nicht mehr ohne Hilfe zurecht.

2002
Am 28. Januar stirbt Astrid. Sie wurde vierundneunzig Jahre alt.
Die schwedische Regierung stiftet den Astrid-Lindgren-Gedächtnispreis, der auch ALMA-Preis genannt wird.
Astrids kleine Schwester Stina stirbt am 27. Dezember mit einundneunzig Jahren.

Die Zitate in diesem Buch

Seite 8
»Es gibt solche, die gerne lesen, und solche, die niemals in ein Buch schauen wollen.«
Aus dem Vorwort in *Första läseboken*, Almqvist & Wiksell läromedel 1982. Übersetzung: Neele Bösche

Seite 10
»Ich will für einen Kreis von Lesern schreiben, der Wunder bewirken kann. Nur Kinder können beim Lesen Wunder bewirken.«
Aus *Astrid Lindgren. Ein Lebensbild* von Margareta Strömstedt, Verlag Friedrich Oetinger GmbH 2001

Seite 12
»Beginnen wir beim Anfang – im November 1907, da kam ich auf die Welt – in einem alten roten Haus, umgeben von Apfelbäumen.«
Aus *Astrid Lindgren. Ein Lebensbild* von Margareta Strömstedt, Verlag Friedrich Oetinger GmbH 2001

Seite 14
»Für ein Kind war es interessant und lehrreich, mit Menschen unterschiedlicher Art und Eigenheiten und Altersgruppe aufzuwachsen. Von ihnen lernte ich […], dass das Leben Bedingungen unterworfen ist und wie schwierig es manchmal ist, Mensch zu sein.«
Aus *Das entschwundene Land* von Astrid Lindgren, Verlag Friedrich Oetinger GmbH 1977

Seite 16
»Es steht nicht in Moses' Gesetzen, dass alte Frauen nicht auf Bäume klettern dürfen!«
Aus *Astrid Lindgren. Bilder ihres*

Lebens von Jacob Forsell, Johan Erséus und Margareta Strömstedt, Verlag Friedrich Oetinger GmbH 2007

Seite 17
»Fragt mich aber jemand nach meinen Kindheitserinnerungen, dann gilt mein erster Gedanke trotz allem nicht den Menschen, sondern der Natur …«
Aus *Das entschwundene Land* von Astrid Lindgren, Verlag Friedrich Oetinger GmbH 1977

Seite 18
»Wir spielten immerzu, morgens, mittags und abends, genau wie die Kinder in den Bullerbü-Büchern. Alles, was dort steht, ist wahr.«
Aus *Mein Småland* von Astrid Lindgren und Margareta Strömstedt, Verlag Friedrich Oetinger GmbH 1988

Seite 21
»Es war schön, dort Kind zu sein, und schön, Kind von Samuel August und Hanna zu sein. […] Zweierlei hatten wir, das unsere Kindheit zu dem gemacht hat, was sie gewesen ist – Geborgenheit und Freiheit.«
Aus *Das entschwundene Land* von Astrid Lindgren, Verlag Friedrich Oetinger GmbH 1977

Seite 23
»Wir fühlten uns geborgen bei diesen Eltern, die einander so zugetan waren und stets Zeit für uns hatten, wenn wir sie brauchten.«
Aus *Das entschwundene Land* von Astrid Lindgren, Verlag Friedrich Oetinger GmbH 1977

Seite 25
»Ich wurde gerade noch zu einer Zeit geboren, die ich das Pferdezeitalter nennen möchte […], als es noch Landstreicher gab und noch Pferdewagen statt Automobile auf den Straßen fuhren. […] Ich glaube, es war schön, in jener Zeit ein Kind zu sein. Jedenfalls war meine Kindheit eine glückliche.«
Aus *Gebt uns Bücher, gebt uns Flügel*, Oetinger Almanach Nr. 1, herausgegeben von P. J. Schindler, Verlag Friedrich Oetinger GmbH 1963

Seite 26
»Das Weihnachten meiner Kindheit war das röteste, fröhlichste, das am

meisten funkelnde und nach Pfefferkuchen duftende Weihnachten, das man sich nur wünschen kann.«
Aus *Min barndomens jul* in *Vår Almanack*, 1966.
Übersetzung: Neele Bösche

Seite 28
»Wenn man gerade lesen gelernt hatte, war ein neues Buch etwas beinahe schmerzhaft Wunderbares, und als Erstes habe ich immer daran gerochen.«
Aus *Anne på Grönkulla och Mannen med stålnävarna* in *Bokvännen*, Nr. 11, 1955. Übersetzung: Neele Bösche

Seite 30
»Diese Freiheit zu haben hieß aber keineswegs, ständig freizuhaben. Dass wir zur Arbeit angehalten wurden, war die natürlichste Sache von der Welt.«
Aus *Das entschwundene Land* von Astrid Lindgren, Verlag Friedrich Oetinger GmbH 1977

»Reiß dich zusammen und mach weiter.«
Aus *Das entschwundene Land* von Astrid Lindgren, Verlag Friedrich Oetinger GmbH 1977

Seite 33
»Liebe kleine Krummelus, niemals will ich werden gruß.«
»›Groß‹ meinst du wohl«, sagte Tommy.
»Wenn ich ›gruß‹ gesagt hab, dann mein ich ›gruß‹«, sagte Pippi.
Aus *Pippi in Taka-Tuka-Land* von Astrid Lindgren, Verlag Friedrich Oetinger 2008

Seite 35
»Ich tröstete mich damit, dass ich las – alles, was ich bekommen konnte –, und das habe ich in meinem ganzen Leben beibehalten. Ich wusste überhaupt nicht, was ich werden wollte, und das war auch so traurig.«
Aus *Astrid Lindgren* von Sybil Gräfin Schönfeldt, Rowohlt Verlag GmbH 1987, 2007

Seite 36
»Wie war ich mit fünfzehn Jahren? Ich merkte, dass ich erwachsen wurde, und das wollte ich nicht sein.«
Aus einem WDR-Interview

Seite 38:
»Denn wenn wir uns erst einmal daran gewöhnt haben, Freude und Trost

in Büchern zu finden, dann können wir sie nicht mehr entbehren.«
Aus *Har boken en framtid* in *Samuel August från Sevedstorp och Hanna i Hult*, Rabén & Sjögren 1975. Übersetzung: Neele Bösche

Seite 41
»Aber als ich ungefähr siebzehn Jahre alt war, zeigte es sich, dass es nicht ganz so unmöglich war, wie ich geglaubt hatte, und da war ich völlig ausgelassen und hatte, soweit ich mich erinnern kann, nur noch ein einziges Interesse, nämlich zu versuchen, dass sich möglichst viele in mich verlieben sollten.«
Aus *Astrid Lindgren* von Sybil Gräfin Schönfeldt, Rowohlt Verlag GmbH 1987, 2007

Seite 42
»Hier steht ›Dieser Tag, ein Leben‹ – und das bedeutet, man soll gerade an diesem Tag so leben, als hätte man nur diesen einen. Man soll auf jeden einzigen Augenblick achtgeben und spüren, dass man wirklich lebt.«
Aus *Ferien auf Saltkrokan* von Astrid Lindgren, Verlag Friedrich Oetinger GmbH 1992

Seite 44
»Niemand war zuvor so ernsthaft in mich verliebt gewesen – doch er war es. Natürlich fand ich das ziemlich interessant.«
Zitiert nach *Astrid Lindgren. Ihr Leben* von Jens Andersen. Die Rechte an der deutschen Übersetzung von Ulrich Sonnenberg liegen bei der Deutschen Verlags-Anstalt, München, in der Verlagsgruppe Random House GmbH 2015

Seite 46
»Ich fühle mich einsam und arm. Vielleicht einsam, weil ich es bin, und arm, weil mein ganzes Hab und Gut aus einer dänischen Ein-Øre-Münze besteht. ›Vielleicht‹ nehme ich zurück. Mir graut vor dem kommenden Winter.«
Zitiert nach *Astrid Lindgren. Ihr Leben* von Jens Andersen, Deutsche Verlags-Anstalt 2015

Seite 49
»Mein Sohn liegt in meinem Arm. Er hat so winzig kleine Hände. Die eine hat er um meinen Zeigefinger geschlossen, und ich wage nicht, mich zu rühren. Denn er könnte vielleicht loslassen, und das wäre unerträglich.«

Aus *Kati in Paris* von Astrid Lindgren, Verlag Friedrich Oetinger GmbH 2002

Seite 51
»Die Jahre, in denen ich nicht mit meinem Kind zusammen sein konnte, waren unerhört schmerzlich. Ich bin ja immer durch und durch mütterlich gewesen und habe dieses Kind wahnsinnig geliebt.«
Aus *Astrid Lindgren. Bilder ihres Lebens* von Jacob Forsell, Johan Erséus und Margareta Strömstedt, Verlag Friedrich Oetinger GmbH 2007

Seite 52
»Kinder passen sich ja so leicht an, glauben sie! Dabei passen sie sich ganz gewiss nicht leicht an, selbst wenn es so aussieht.«
Aus Astrid Lindgrens selbstbiografischen Aufzeichnungen für Margareta Strömstedt in den Jahren 1976–1977. Übersetzung: Neele Bösche

Seite 55
»Lass die Kinder in Ruhe, aber sei in Reichweite, wenn sie dich brauchen.«
Zitiert nach *Astrid Lindgren. Ihr Leben* von Jens Andersen, Deutsche Verlags-Anstalt 2015

Seite 56
»Und wir sind aus der Vulcanusgatan 12 in die Dalagatan 46 gezogen, trotz Krieg und Mangel. Ich kann nicht umhin, mich über unsere schöne Wohnung zu freuen, obwohl mir die ganze Zeit bewusst ist, dass es uns unverdientermaßen viel zu gut geht, jetzt, da so viele nicht einmal ein Dach über dem Kopf haben.«
Zitiert nach *Astrid Lindgren. Ihr Leben* von Jens Andersen, Deutsche Verlags-Anstalt 2015

Seite 58
»Denn als ich erst einmal gemerkt hatte, wie viel Spaß das Schreiben macht, konnte mich nichts mehr stoppen!«
Aus *»I förhoppning att ni inte alarmerar barnavårdsnämnden«. Glimtar ur ett liv med Rabén & Sjögren* in *Rabén, Sjögren och alla vi andra. Femtio års förlagshistoria* von Kjell Bohlund, Pär Frank, Jan Lagerstedt und Gerd Rönnberg (Red.), Rabén & Sjögren 1992. Übersetzung: Neele Bösche

Seite 61
»Wenn ich es am allerschönsten habe, dann ist es so: Morgen. Es ist still im Haus. Das Telefon klingelt

nicht. Ich trinke eine Tasse Kaffee, lese die Zeitung, krieche wieder ins Bett, nehme meinen Stenogrammblock und schreibe.«
Aus *När jag har allra roligast* von Astrid Lindgren, vermutlich im Jahr 1952 geschrieben, Quelle der Erstpublikation unbekannt.
Übersetzung: Neele Bösche

Seite 62
»Wie muss ein gutes Kinderbuch sein? Falls du mich fragst, so könnte ich dir nach reiflicher Überlegung nur antworten: Es muss gut sein.«
Aus *Das entschwundene Land* von Astrid Lindgren, Verlag Friedrich Oetinger GmbH 1977

Seite 64
»Ich bin ein ganz, ganz klein wenig ziemlich ›berühmt‹. Aber darüber mag ich nicht schreiben.«
Aus Astrid Lindgrens Tagebuch, Eintrag vom 26.12.1946. Zitiert nach der *Neuen Züricher Zeitung* aus dem Artikel *Kinderwünsche und Kinderwirklichkeiten* vom 10.11.2007

Seite 66
»Alle Menschen sind einsam, obwohl manche so viele Leute um sich haben, dass sie es nicht begreifen oder merken. Bis eines Tages …«
Aus *Deine Briefe lege ich unter die Matratze. Ein Briefwechsel 1971–2002* von Astrid Lindgren und Sara Schwardt, Verlag Friedrich Oetinger GmbH 2015

Seite 67
»Vor allem will ich mit meinen Kindern zusammen sein. Dann will ich mit meinen Freunden zusammen sein. Und darüber hinaus will ich mit mir selbst zusammen sein. Ganz und gar mit mir.«
Zitiert nach *Astrid Lindgren. Ihr Leben* von Jens Andersen, Deutsche Verlags-Anstalt 2015

Seite 68
»Denn alles, was geschieht, muss zunächst einmal in der Fantasie eines Menschen Gestalt annehmen.«
Aus *Das entschwundene Land* von Astrid Lindgren, Verlag Friedrich Oetinger GmbH 1977

Seite 70
»Wie ich mich nach meinen Kindern und Enkeln sehne, sobald ich sie nicht mehr sehe.«

Aus *Astrid Lindgren. Ein Lebensbild* von Margareta Strömstedt, Verlag Friedrich Oetinger GmbH 2001

Seite 72
»Große Menschen haben niemals Spaß«, sagte Pippi.
»Und spielen können sie auch nicht«, sagte Annika. »Usch, dass man unbedingt groß werden muss!«
Gekürztes Zitat aus *Pippi in Taka-Tuka-Land* von Astrid Lindgren, Verlag Friedrich Oetinger GmbH 2008

Seite 74
»Wer stark ist, muss auch gut sein.«
Aus *Kennst du Pippi Langstrumpf?* von Astrid Lindgren, Verlag Friedrich Oetinger GmbH 1961

Seite 77
Aber da antwortete mir Jonathan, es gebe Dinge, die man tun müsse, selbst wenn es gefährlich sei.
»Aber warum bloß?«, fragte ich.
»Weil man sonst kein Mensch ist, sondern nur ein Häuflein Dreck«, erwiderte er.
Aus *Die Brüder Löwenherz* von Astrid Lindgren, Verlag Friedrich Oetinger GmbH 1974

Seite 79
»Von allen Plätzen, wo man sitzen und essen kann, mag ich am liebsten solche, die oben auf einem Baum sind.«
Aus *Die Kinder aus der Krachmacherstraße* von Astrid Lindgren, Verlag Friedrich Oetinger GmbH 1992

Seite 81
»Er fehlt mir so sehr, dass es mir ins Herz schneidet!«
Aus *Ronja Räubertochter* von Astrid Lindgren, Verlag Friedrich Oetinger GmbH 1982

Seite 82
»Am liebsten würde ich wie ein kleines einsames Tier im Wald sitzen.«
Aus einem Interview im *Aftonbladet* vom 26. Dezember 1986. Übersetzung: Neele Bösche

Seite 84
»Man muss lernen zu leben, damit man sich mit dem Tod anfreundet … Glaube ich, tralala.«
Aus einem Gespräch mit Margareta Strömstedt im Fernsehprogramm *Astrid Anna Emilia*, 1987. Übersetzung: Neele Bösche

Seite 86
»Schenkt den Kindern Liebe, mehr Liebe und noch mehr Liebe.«
Aus *Astrid Lindgren. Ein Lebensbild* von Margareta Strömstedt, Verlag Friedrich Oetinger GmbH 2001

Seite 87
»Und wenn es mir gelungen ist, nur eine einzige düstere Kindheit zu vergolden, dann bin ich zufrieden.«
Aus *Besuch bei Astrid Lindgren* von Kerstin Ljungren, Verlag Friedrich Oetinger GmbH 2011

Seite 90
»Eine Kindheit ohne Bücher, das wäre keine Kindheit. Es wäre, als wenn man aus dem verzauberten Land ausgeschlossen wäre, aus dem man sich die seltsamste aller Freuden holen kann.«
Aus *Om läshunger* in *Vi husmödrar*, Nr. 10, 1956.
Übersetzung: Neele Bösche

Seite 92
»Man darf Kindern keine Angst einjagen, aber genau wie Erwachsene sollen sie von der Kunst berührt werden. Man muss eine Seele aufrütteln, die andernfalls schläft, alle haben es nötig, manchmal zu weinen und erschreckt zu werden. In Büchern macht das nichts. Ein Kind blättert schnell die Buchseite um, wenn ihm der Inhalt nicht gefällt.«
Aus einem Interview in *Dagens Nyheter* vom 8. September 1959.
Übersetzung: Neele Bösche

Seite 94
»Und dann schreibe ich so, wie ich mir selbst das Buch wünschen würde, wenn ich ein Kind wäre. Ich schreibe für das Kind in mir.«
Aus einem Interview in *Expressen* vom 6. Dezember 1970.
Übersetzung: Neele Bösche

Seite 95
»Beim Schreiben war ich unerreichbar für alle Sorgen.«
Aus *Astrid Lindgren. Ein Lebensbild* von Margareta Strömstedt, Verlag Friedrich Oetinger GmbH 2001

Trotz aller Bemühungen konnten leider nicht alle Rechteinhaber ermittelt bzw. erreicht werden. Der Verlag verpflichtet sich, rechtmäßige Ansprüche jederzeit in angemessener Form abzugelten.

Die Bilder in diesem Buch

Alle Bilder in diesem Buch wurden von der norwegischen Künstlerin *Lisa Aisato* illustriert. Manchmal hat sie sich von anderen Bildern inspirieren lassen:

Cover, Seite 11 und 61 – Astrid mit dem roten Kopftuch
FOTO: Stig-Göran Nilsson, ca. 1977

Seite 13 – Die Familie auf Näs
FOTO: Stenhardt, 1918

Seite 18 – Astrids Geburtshaus, das rote Haus auf Näs
FOTO: Jacob Forsell, 2005
GEMÄLDE: Dahl, 1916. Dieses Gemälde hängt noch immer im Schlafzimmer in Näs.

Seite 20–21 – Das Schlafzimmer der Familie Ericsson
FOTO: Jacob Forsell, 2005

Seite 23 – Das Hochzeitsfoto von Astrids Eltern
FOTO: August Widén, 1905

Seite 29 – Astrids Freundin Anne-Marie, die Madita genannt wird
FOTO: Unbekannter Fotograf, 1921 – aus Anne-Marie Fries Fotoalbum

Seite 33 – Astrids Konfirmationsfoto
FOTO: Chr. Widén, 1923

Seite 39 – Das Gebäude der *Vimmerby Tidning*, wo Astrid als Jugendliche arbeitet
FOTO VOM HINTERGRUND: Chr. Hultgren, 1905

Seite 53 – Lasse, als er bei seiner Oma und seinem Opa auf Näs wohnt
FOTO: Unbekannter Fotograf, Anfang der 1930er-Jahre – aus Lasse Lindgrens Fotoalbum

Seite 63 – Astrid, die Lektorin
FOTO: Unbekannter Fotograf, ca. 1950 – aus Astrid Lindgrens Sammlungen

Seite 66 – Astrid in ihrem Stuhl
FOTO: Unbekannter Fotograf, ca. 1960 – aus Astrid Lindgrens Sammlungen

Seite 71 – Astrid und ihr Urenkel Fredrik
FOTO: Unbekannter Fotograf, 1988 – aus Astrid Lindgrens Sammlungen

Seite 78 – Astrid klettert auf einen Baum
FOTO: Beppe Arvidsson, 1978

Seite 80 – Astrid im Profil
FOTO: Paul Hansen, *Expressen*, Scanpix 1996

Seite 87 – Astrid mit Hut
FOTO: Jacob Forsell, Datum der Aufnahme unbekannt

Danke!

Astrid Lindgrens Näs. Ein besonderer Dank geht an Kjell-Åke Hansson, Anneli Karlsson und Anna Aspenskog-Pleijert für den Arbeitsplatz, die netten Gespräche und die Antworten auf meine vielen Fragen.

Astrid Lindgrens Familie und Saltkråkan AB. Ein besonderer Dank geht auch an Eivor und Bengt Benson für ihre Antworten auf die noch so seltsamen Fragen, die mir im Laufe meines Schreibprozesses kamen. Danke an Astrids Tochter Karin Nyman für ihre wertvollen Antworten, während ich auf Näs gearbeitet habe. Danke an Barbro und Bertil Alvtegen, die mich viele Jahre lang auf Näs herumgeführt haben. Danke an Astrids Enkelinnen Malin Billing und Annika Lindgren für ihre Antworten auf meine Fragen und die Möglichkeit, Astrid Lindgrens Wohnung in der Dalagatan zu besuchen.

Die Mitglieder der Astrid-Lindgren-Gesellschaft. Ein besonderer Dank gilt zudem der unglaublich kundigen Lena Törnqvist – für die Führung durch Astrids Wohnung und bei den aufschlussreichen Ausflügen mit der Astrid-Lindgren-Gesellschaft. Danke schön auch an Lena Fries-Gedin (Maditas Tochter) und Marianne Eriksson (Astrids Freundin und Kollegin im Buchverlag Rabén & Sjögren) für die guten Gespräche.

Die Norwegische Fachliterarische Autoren- und Übersetzervereinigung. Danke für das Arbeitsstipendium, das es mir erlaubt hat, in dem inspirierenden Umfeld auf Näs zu schreiben.

Lisa Aisato Nije Solberg. Es ist ein großes Glück, dass du mit mir zusammen an diesem Buch gearbeitet hast. Du bist fantastisch!

Frode. Danke für deine Geduld und deinen Glauben an mich und das Buchprojekt.

Ich widme dieses Buch meiner Tochter *Alice*, mit der ich seit über zwanzig Jahren auf so viele verschiedene Weisen Astrid Lindgrens fantastische Welt teilen durfte.